P9-CEQ-681

Entre padres
e hijos

También escritos por el Dr. Haim Ginott

Teacher and Child

Between Parent and Teenager

Group Psychotherapy with Children:
The Theory and Practice of Play Therapy

Entre padres e hijos

Un clásico que revolucionó la comunicación con nuestros hijos

Dr. Haim G. Ginott

Revisado y actualizado por la
Dra. Alice Ginott y el Dr. H. Wallace Goddard

Vintage Español
Una división de Random House, Inc.
Nueva York

PRIMERA EDICIÓN VINTAGE ESPAÑOL, MARZO 2007

Copyright de la traducción © 2005 por Ediciones Médici

Todos los derechos reservados. Editado en los Estados Unidos de América por Vintage Español, una división de Random House, Inc., Nueva York y en Canadá por Random House of Canada Limited, Toronto. Originalmente publicado en inglés en EE.UU. como *Between Parent and Child* en el 1965 por Macmillan, Nueva York, y revisado en el 2003 por Three Rivers Press, una división de Random House, Inc, Nueva York. Copyright © 1965 por Dr. Haim G. Ginott, copyright © 2003 por Dr. Alice Ginott y Dr. H. Wallace Goddard. La primera edición en español de este libro fue publicada en el 2005 por Ediciones Médici, Barcelona.

Vintage es una marca registrada y Vintage Español y su colofón son marcas de Random House, Inc.

Biblioteca del Congreso de los Estados Unidos
Información de catalogación de publicaciones
Ginott, Haim G.
[Between parent and child. English]
Entre padres e hijos : un clásico que revolucionó la comunicación con nuestros hijos / by Haim G. Ginott ; revisado y actualizado por la Dra. Alice Ginott y el Dr. H. Wallace Goddard. −1st ed.
p. cm.
Includes bibliographical references and index.
ISBN 978-0-307-27890-6
1. Child rearing. 2. Parent and child. 3. Emotions in children.
4. Empathy. 5. Domestic education. I. Ginott, Alice.
II. Goddard, H. Wallace. III. Title.
HQ769.G5513 2007
649'.1−dc22
2006037670

Traducción de Lucie Hayes

www.grupodelectura.com

Impreso en los Estados Unidos de América
10 9 8 7 6 5 4 3 2

R0425735072

A la memoria de mi hermano pequeño, que murió
a la edad de veintiún años, intentando salvar
a sus camaradas sitiados.

AGRADECIMIENTOS

Agradecemos a los amigos y colegas que leyeron el manuscrito y ofrecieron sugerencias y crítica. Un agradecimiento especial a Gerald Gross, por leer parte del manuscrito y por sus útiles sugerencias; a Claudia Gabel, nuestra editora, cuya paciencia y útiles sugerencias han hecho que el proceso de publicación fuera tan fácil y tan agradable; a Betsy Rapoport, quien vio el beneficio de reeditar este libro; a Theodore Cohn, por su paciencia, su ayuda y sus valiosos comentarios editoriales; a nuestros hijos y a los suyos, quienes nos ayudaron a apreciar la importancia de la comunicación afectuosa; a Nancy Goddard, que ha sido un modelo de madre comprensiva; a Emily, Andy y Sara, que nos han enseñado lecciones que no tienen precio. Y, sobre todo, nuestro mayor reconocimiento a todos aquellos padres que compartieron con nosotros sus sentimientos y experiencias.

HAIM G. GINOTT
ALICE GINOTT
H. WALLACE GODDARD

ÍNDICE DE MATERIAS

PRÓLOGO

A mi muerte llórenme así:
Hubo un hombre –y vean: no existe más;
antes de tiempo ese hombre murió,
y el canto de su vida en el medio se truncó;
¡qué dolor! Un canto más tenía
y ese canto por siempre se perdió,
por siempre se perdió.

A mi muerte
HAIM NAJMAN BIALIK,

El doctor Haim Ginott murió el 4 de noviembre de 1973, después de una larga y dolorosa enfermedad. Tenía cincuenta y un años. Unas semanas antes de que muriera miraba el primer libro que había escrito, *Entre padres e hijos*, y me dijo: «Alice, ya verás, este libro será un clásico». Su predicción se ha cumplido.

Haim Ginott fue psicólogo clínico, terapeuta infantil y educador de padres, y sus libros –*Psicoterapia en grupo con niños*, *Entre padres e hijos*, *Entre padres y adolescentes* y *Maestro y alumno*– revolucionaron la forma en que padres y maestros se relacionaban con los niños. Los libros fueron éxitos de ventas por más de un año consecutivo y se tradujeron a 30 idiomas. En *The Authoritative Guide to Self-Help Books* (una guía comprensiva de libros de autoayuda), de John W. Santrock, Ann M. Minnett y Barbara D. Campbell, los libros de Ginott recibieron la más alta valoración («fuertemente recomendado». También figuraron en la lista de los mejores libros de autoayuda).

Fue el primer psicólogo permanente en el programa televisivo *Today*; escribió una columna semanal, sindicada internacionalmente por King Features, y una columna mensual para la revista *McCall's*. También ejerció como profesor adjunto de psicología en la Graduate School de la New York University y en el programa posdoctoral de la Adelphi University.

Las técnicas de comunicación que recomienda en sus libros ayudan a los adultos a entrar en el mundo de los niños de una manera comprensiva y afectuosa y les enseñan cómo enterarse de los sentimientos y responder a ellos.

Tal como dijo en uno de sus discursos: «Soy psicoterapeuta infantil. Trato a niños trastornados. Supongamos que yo veo a los niños en terapia una hora por semana durante un año. Sus síntomas desaparecen, aumenta su autoestima, se llevan bien con los demás, incluso están más tranquilos en la escuela. ¿Qué es lo que yo hago para ayudarles? Me comunico con ellos de manera afectuosa. Aprovecho cada oportunidad de ayudarles a desarrollar la autoconfianza. *Si la comunicación afectuosa puede volver sanos a los niños enfermos, sus principios y prácticas pertenecen a padres y maestros.* Aunque los psicoterapeutas quizá puedan curar, sólo aquellos que están en contacto diario con los niños pueden ayudarles a curarse psicológicamente».

Así que puso en marcha grupos de educación y orientación para padres a fin de ayudarles a aprender a ser más afectuosos y eficaces con sus hijos, a darse cuenta de sus propias percepciones y a llegar a ser más comprensivos con los sentimientos de sus hijos. Quiso que aprendieran cómo disciplinar sin humillar, cómo criticar sin menoscabar, cómo alabar sin juzgar, cómo expresar el enojo sin herir, cómo reconocer los sentimientos, las percepciones y las opiniones en lugar de discutirlos: cómo responder para que los niños puedan aprender a confiar en su realidad interna y desarrollar la confianza en sí mismos.

Antes de ejercer como psicólogo, el doctor Haim Ginott fue maestro en Israel. Se graduó en el David Yellin Teachers' College de Jerusalén. Después de enseñar durante unos años, se dio cuenta de que no estaba suficientemente preparado para tratar con niños en el aula. Entonces decidió ir a la Columbia University Teachers College de Nueva York, donde se doctoró.

Aunque Haim Ginott murió joven, disfrutó de una creativa y lograda vida intelectual. Sus ideas innovadoras sobre la comunicación con los niños, que divulgó a través de libros, conferencias y artículos, resonaron no sólo en Estados Unidos sino en todo el mundo. Influyó en el desarrollo de talleres para padres, donde padres y maestros aprenden a tratar con niños de una manera sensible y afectuosa.

Aunque el inglés no era su lengua materna, Haim Ginott lo amaba. Lo amaba como poeta, utilizándolo con medida y precisión. Como los sabios de antaño, dispensaba su sabiduría en parábolas, alegorías y epigramas: «No seas padre, sé un ser humano que es padre».

Se cuenta una historia sobre un rabino que murió a la edad de cincuenta años. Cuando la familia volvió del entierro, el hijo mayor dijo: «Nuestro padre tuvo una larga vida». Todos quedaron estupefactos. «¿Cómo puedes decir eso de un hombre que murió tan joven?», preguntaron. «Porque su vida fue llena: escribió muchos libros importantes, e influyó en muchas vidas.»

Ése es mi consuelo.

ALICE GINOTT,
doctora en Psicología infantil

Niño, dame la mano
que yo pueda caminar en la luz
de tu fe en mí.

Hannah Kahn

INTRODUCCIÓN

Ningún padre o madre se despierta por la mañana con la intención de amargarle la vida a su hijo. Ni uno ni otro dirían: «Hoy gritaré, regañaré y humillaré a mi hijo siempre que pueda». Por el contrario, al levantarse muchos padres se dicen con convicción: «Hoy será un día pacífico. Ni gritos, ni discusiones, ni enfrentamientos»; pero a pesar de las buenas intenciones, la guerra no deseada estalla de nuevo.

La paternidad es una serie interminable de pequeños eventos, conflictos periódicos y crisis súbitas que requieren respuestas, y éstas no carecen de consecuencias: afectan a la personalidad y al amor propio para bien o para mal.

Nos gustaría creer que sólo un padre perturbado puede responder de forma perjudicial a un hijo. Desafortunadamente, incluso los padres cariñosos y bienintencionados reprochan, avergüenzan, acusan, ridiculizan, amenazan, sobornan, etiquetan, castigan, predican y moralizan.

¿Por qué? Porque la mayoría de los padres no son conscientes del poder destructivo de las palabras. De repente se encuentran diciendo cosas que ellos oyeron de sus padres, cosas no intencionadas, en un tono que no les gusta. La tragedia de tal comunicación se debe, a menudo, no a la falta de cariño, sino a la falta de comprensión; no a la falta de inteligencia, sino a la falta de conocimiento.

Los padres necesitan una manera especial de relacionarse y hablar con sus hijos. ¿Cómo se sentiría cualquiera de nosotros si un cirujano entrara en el quirófano y, antes de que el anestesiólogo nos durmiera, dijera: «En realidad no tengo mucha formación en cirugía pero quiero mucho a mis pacientes y utilizo el sentido común»? Probablemente nos dejaríamos llevar por el pánico y nos daríamos a la fuga. Pero eso no es tan fácil para los hijos cuyos padres creen que con el amor y el sentido común les basta. Al igual que los cirujanos, los padres también necesitan aprender habilidades especiales a fin de conseguir la competencia necesaria para abordar las necesidades diarias de sus hijos. Al igual que un cirujano especializado que vigila por dónde corta, los padres también necesitan adquirir destreza en el uso de las palabras, porque las palabras son como cuchillos: pueden infligir, si no heridas físicas, sí heridas emocionales muy dolorosas.

¿Por dónde empezamos si queremos mejorar la comunicación con nuestros hijos? Por examinar cómo respondemos. Hasta sabemos las palabras. Hemos oído a nuestros padres usarlas con los invitados y los extraños. *Es un lenguaje que protege los sentimientos, que no critica el comportamiento.*

¿Qué le decimos a una invitada que se olvida el paraguas? ¿Vamos corriendo detrás de ella diciendo: «¿Qué te pasa? Cada vez que vienes te olvidas de algo. Si no es una cosa es otra. ¿Por qué no puedes ser como tu hermana pequeña? Cuando ella viene de visita, sabe comportarse. ¡Tienes cuarenta y cuatro años! ¿No aprenderás nunca? ¡Yo no soy un esclavo para ir recogiendo detrás de ti! ¡Te olvidarías la cabeza si no la tuvieras pegada a los hombros!»? Eso no es lo que le decimos a un invitado. Le decimos: «Aquí tienes tu paraguas, Alicia», sin añadir: «Cabeza de chorlito».

Los padres necesitan aprender a responder a sus hijos tal como responden a los invitados.

Los padres quieren que sus hijos sean personas seguras y felices. Ningún padre procura deliberadamente que un hijo sea temeroso, tímido, desconsiderado u odioso. Pero en el proceso de crecer, muchos niños adquieren características indeseables y no logran tener un sentido de seguridad y una actitud de respeto ni para consigo mismos ni para con los demás. Los padres quieren que sus hijos sean corteses, y son maleducados; quieren que sean ordenados, y lo cierto es que son desordenados; quieren que sean seguros de sí mismos, y son inseguros; quieren que estén contentos, y a menudo no lo están.

Los padres pueden ayudar a cada hijo a llegar a ser una persona solidaria, comprometida y valiente; una persona cuya vida se guía por un núcleo de fuerza y un código de justicia. Para lograr estas metas humanas, los padres necesitan aprender unos métodos humanos. El amor no basta. La intuición es insuficiente. Los buenos padres necesitan habilidad. Cómo conseguir y usar tal habilidad es el tema principal de este libro, que ayudará a los padres a traducir los ideales deseados en prácticas diarias.

Esperamos que este libro también ayude a los padres a identificar sus metas respecto a los hijos, y sugiera métodos para lograr esas metas. Los padres se enfrentan a problemas concretos que requieren unas soluciones específicas; no se les ayuda con consejos tópicos como: «Dé más amor a su hijo», «Préstele más atención» o «Pase más tiempo con él».

Durante muchos años, hemos trabajado con padres e hijos en psicoterapia individual y de grupo y en talleres prácticos. Este libro es el fruto de esa experiencia. Es una guía práctica; ofrece sugerencias concretas y soluciones preferentes para abordar las situaciones diarias y los problemas psicológicos experimentados por todos los padres. *Ofrece consejos específicos derivados de principios básicos de comunicación que enseñarán a los padres a vivir con los hijos en respeto mutuo y dignidad.*

CAPÍTULO 1

LA CLAVE DE LA COMUNICACIÓN: CONVERSACIONES ENTRE PADRES E HIJOS

LAS PREGUNTAS DE LOS NIÑOS: LOS SIGNIFICADOS OCULTOS

Conversar con los niños es un arte único con sus propias reglas y significados. Los niños raramente son ingenuos en sus comunicaciones. Sus mensajes a menudo están en clave y hay que saber descifrarlos.

Andrés, de diez años, le preguntó a su padre: «¿Cuántos niños abandonados hay en nuestro barrio?». El padre de Andrés, abogado, se alegraba de ver que su hijo se interesaba por los problemas sociales. Le dio una larga explicación sobre el asunto y entonces empezó a buscar una cifra. Pero Andrés no estaba satisfecho y siguió haciendo preguntas sobre la misma cuestión: «¿Cuántos niños abandonados hay en toda la ciudad? ¿En todo el país? ¿En Europa? ¿En el mundo?».

Finalmente se le ocurrió que Andrés no estaba preocupado por un problema social, sino por uno personal. Sus preguntas provenían no tanto de una simpatía por los niños abandonados como del miedo a ser abandonado él mismo. No estaba buscando una cifra representativa del número de niños abandonados, sino la confianza en que él no sería abandonado. Así, el padre, reflejando la preocupación del niño, contestó: «Estás angustiado por que tus padres puedan abandonarte algún día tal como algunos padres hacen; te aseguro que nosotros no te abandonaremos. Y si el tema te vuelve a preocupar, por favor dímelo para que yo te pueda tranquilizar».

En su primera visita al parvulario, mientras su madre todavía estaba con ella, Ana, de cinco años, miraba los dibujos en la pared y preguntó en voz alta: «¿Quién ha hecho estos dibujos tan feos?». La madre de Ana, avergonzada, miró a su hija con enojo, y le dijo rápidamente: «No digas que los dibujos son feos cuando son tan bonitos».

La maestra, que había captado el significado de la pregunta, sonrió y dijo: «Aquí no tienes que hacer dibujos bonitos. Puedes hacer dibujos feos si te apetece». Ana le dedicó una gran sonrisa, porque ahora tenía la respuesta a su pregunta oculta: «¿Qué pasa con una niña que no pinta muy bien?».

Luego Ana cogió un coche de bomberos roto y preguntó altiva: «¿Quién ha roto este coche de bomberos?». Su madre le contestó: «¿Qué importa quién lo ha roto? Si no conoces a nadie aquí».

A Ana realmente no le interesaban nombres: quería averiguar lo que pasaba con los niños que rompían juguetes. Entendiendo la pregunta, la maestra dio una respuesta apropiada: «Los juguetes son para jugar. A veces se rompen. Las cosas son así».

Ana se sintió satisfecha de que su habilidad interrogatoria le hubiera proporcionado la información necesaria: «Esta persona adulta es bastante simpática, no se enfada rápidamente, incluso cuando un dibujo sale mal o un juguete se rompe... No tengo que tener miedo, puedo quedarme aquí con tranquilidad». Ana se despidió de su madre con la mano y fue hacia la maestra para empezar su primer día de parvulario.

Carolina, de doce años, estaba tensa y llorosa. Su prima predilecta regresaba a su casa después de pasar el verano con ella. Desgraciadamente, la respuesta de su madre a la tristeza de Carolina no fue ni empática ni comprensiva.

Carolina (con lágrimas en los ojos): Susana se va. Volveré a estar sola.
Madre: No estés tan triste. Ya encontrarás otra amiga.
Carolina: Estaré tan sola...
Madre: Ya lo superarás.
Carolina: ¡Ay, mamá! *(Sollozos.)*
Madre: A tus doce años sigues siendo una niña muy llorona.

Carolina dirigió una mirada asesina a su madre y se encerró en su habitación. Este episodio debería haber tenido un final más feliz. Los sentimientos de un niño deben tomarse en serio, aunque la situación en sí no sea muy seria. Quizá a los ojos de la madre una separación al final del verano no es ni mucho menos una situación para derramar tantas lágrimas, pero no era necesaria una contestación tan falta de simpatía. La madre podría haber pensado: «Carolina está angustiada y la mejor manera de ayudarla es mostrarle que entiendo lo que le duele. ¿Cómo puedo hacerlo? *Reflejándole sus sentimientos*». Entonces ella habría dicho una de las frases siguientes:

«Te sentirás sola sin Susana.»
«Ya la echas de menos.»
«Es difícil estar separadas cuando estáis tan acostumbradas a estar juntas.»
«Estoy segura de que la casa debe de parecerte algo vacía sin Susana.»

Tales respuestas crean intimidad entre padre e hijo. *Cuando los niños se sienten comprendidos, su soledad y su dolor disminuyen. Cuando se comprende a los niños, su amor por el padre o la madre se profundiza. La simpatía de un padre sirve de primeros auxilios emocionales para los sentimientos heridos.*

Cuando realmente *reconocemos el estado de ánimo de una niña o un niño y verbalizamos su desilusión*, a menudo adquiere fuerza para hacer frente a la realidad.

Alicia, de siete años, había hecho planes para pasar la tarde con su amiga Lucía. De repente, recordó que tenía un entreno de voleibol aquella tarde y empezó a llorar.

Madre: Ay, estás disgustada. Te hacía ilusión jugar con Lucía esta tarde.
Alicia: Sí. ¿Por qué no podemos entrenar otro día?

Las lágrimas se secaron. Alicia llamó a su amiga Lucía y quedaron para otro día y acto seguido se cambió de ropa y se preparó para su entreno.

La comprensión de la madre por la desilusión de su hija ayudaron a Alicia a asumir los conflictos y desilusiones inevitables de la vida. Ella identificó los sentimientos de Alicia y reflejó sus deseos sin quitarle importancia a la situación. No dijo: «¿Por qué te pones así? Ya jugarás con Lucía otro día. ¡No es para tanto!».

Evitó a propósito los tópicos: «Pues no puedes estar en dos sitios a la vez». Tampoco acusó ni culpó: «¿Cómo puedes haber quedado para jugar con una amiga cuando sabes que el miércoles es el día de entreno?».

El breve diálogo siguiente ilustra cómo este padre redujo el enojo de su hijo simplemente al *reconocer* sus sentimientos y su queja.

El padre de David, que trabaja de noche y cuida de la casa durante el día, mientras su esposa trabaja, volvió a casa del mercado y encontró a su hijo de ocho años de muy mal humor.

Padre: Yo veo a un muchacho enfadado. De hecho, veo a un muchacho muy enfadado.
David: Estoy enfadado. De hecho, estoy muy enfadado.
Padre: ¿Ah?
David (en voz muy baja): Te echaba de menos. Nunca estás en casa cuando llego del cole.
Padre: Me alegro de que me lo digas. Ahora lo sé. Quieres que yo esté en casa cuando llegas del colegio.

David abrazó a su padre y salió a jugar. El padre de David supo cambiar el humor de su hijo. No se puso a la defensiva explicando por qué no estaba en casa: «Tenía que ir a comprar. ¿Qué comerías si yo no comprara la comida?». *No* preguntó: «¿Por qué estás tan enfadado?». Por el contrario, *reconoció los sentimientos y la queja de su hijo.*

La mayoría de los padres no se dan cuenta de que es inútil intentar convencer a los hijos de que sus quejas son injustificadas, sus percepciones erróneas. Eso solo lleva a discusiones y enfados.

Un día, Elena, de doce años, llegó de la escuela muy disgustada.

Elena: Te vas a enfadar conmigo. Solo saqué notable en la prueba. Sé que tú quieres que saque sobresalientes.

Madre: Pero de verdad que no me importa. ¿Cómo puedes decir algo semejante? No me disgusta nada tu nota. Pienso que un notable está muy bien.

Elena: Entonces ¿por qué siempre me gritas cuando no consigo un sobresaliente?

Madre: ¿Cuándo te he gritado? Tú estás decepcionada, y me estás culpando a mí.

Elena empezó a llorar y salió corriendo. Aunque la madre entendió que su hija la culpaba a ella en lugar de reconocer su propia decepción, recalcárselo y discutir con ella no hizo que se sintiera mejor. Le habría ayudado más si la madre hubiera *reconocido* la percepción de su hija diciendo: «Te gustaría que tus notas no fueran tan importantes para mí. Quieres ser tú la que decide lo que es para ti una nota buena. Comprendo».

No solo los niños, también los desconocidos aprecian nuestra comprensión benévola de sus dificultades. La señora Gómez cuenta que no le gusta ir a su banco: «Normalmente está atestado y el gerente actúa como si estuviera haciéndome un favor simplemente por estar allí. Siempre que tengo que acercarme a él me pongo tensa». Un viernes ella tenía que conseguir la firma del gerente en un cheque, se estaba poniendo nerviosa e impaciente mientras escuchaba el trato del gerente con los demás, pero entonces decidió intentar ponerse en su lugar y expresar su comprensión *reflejando y reconociendo sus percepciones:* «¡Otro viernes difícil! Todos estamos exigiendo su atención. Aún no es ni mediodía. Yo no sé cómo logra llegar al final de la jornada». La cara del hombre se iluminó. Por primera vez ella le vio sonreír: «Ay, sí, siempre hay ajetreo aquí. Todos quieren ser atendidos primero. Y ¿en qué puedo ayudarla?». No solo firmó el cheque, sino que también la acompañó al cajero para tramitarlo más rápidamente.

DIÁLOGOS INFRUCTUOSOS: SERMONEAR Y CRITICAR CREA DISTANCIA Y RESENTIMIENTO

Los padres se sienten frustrados por los diálogos con los hijos porque no llevan a ninguna parte, tal como se demuestra en el famoso intercambio: «¿Adónde fuiste?». «Por ahí.» «¿Qué hiciste?» «Nada.» Los padres que intentan ser razonables, pronto descubren lo agotador que eso puede llegar a ser. Tal como comentó una madre: «Yo intento razonar con mi hijo hasta hartarme, pero él no me escucha. Solo me oye cuando grito».

Los hijos a menudo se resisten a los diálogos con los padres. Se resienten cuando se les predica, sermonea y critica. Piensan que los padres hablan demasiado. Dice David, de ocho años, a su madre: «Cuando yo te hago una pregunta pequeña, ¿por qué me das una respuesta tan larga?». A sus amigos les confiesa: «Yo no le digo nada a mi madre. Si empiezo con ella, no me queda tiempo para jugar».

Un observador interesado, oyendo por casualidad una conversación entre un padre y su hijo, notará con sorpresa lo poco que se escuchan. La conversación suena a dos monólogos, uno que consiste en críticas e instrucciones, y el otro en negaciones y súplicas. La tragedia de tal «comunicación» estriba no en la falta de amor, sino en la falta de respeto; no en la falta de inteligencia, sino en la falta de habilidad.

Nuestro lenguaje cotidiano no es adecuado para comunicar de una forma válida con los niños. Para llegar a los hijos y reducir la frustración paterna, necesitamos aprender una manera afectuosa de conversar con ellos.

COMUNICAR PARA CONECTAR: RESPONDA A LOS SENTIMIENTOS DE LOS NIÑOS, NO A SU CONDUCTA

La comunicación con los niños debe basarse en el respeto y en la habilidad; requiere *a*) que los mensajes conserven el amor propio tanto del niño como del padre; y *b*) que las afirmaciones de comprensión precedan a las de consejo o instrucción.

Eric, de nueve años, llegó furioso a casa. La clase tenía previsto salir de picnic, pero estaba lloviendo. Su padre decidió probar un nuevo enfoque. Se abstuvo de utilizar los tópicos que en el pasado solo habían empeorado las cosas: «Es inútil llorar por el mal tiempo. Otro día iréis. Yo no tengo la culpa de que llueva, ¿sabes?, así que ¿por qué te enfadas conmigo?».

En cambio el padre de Eric pensó: «Mi hijo está muy dolido por perderse la excursión. Está defraudado y está compartiendo su desilusión conmigo, mostrándome su enojo. Tiene derecho a sus emociones. Lo mejor que puedo hacer por él es mostrar *comprensión y respeto para con sus sentimientos*». Le dijo a Eric: «Me parece que estás muy defraudado».

Eric: Sí.
Padre: Tenías muchas ganas de ir a ese picnic.
Eric: Ya lo creo.
Padre: Lo tenías todo a punto y entonces vino la maldita lluvia.
Eric: Sí, exacto.

Hubo un momento de silencio y entonces Eric dijo: «Bueno, otro día será». Su enojo parecía haber desaparecido y fue bastante colaborador durante el resto de la tarde. Normalmente cuando Eric llegaba enfadado a casa, provocaba a cada miembro de la familia, creando una situación tensa, y no se recuperaba la paz hasta que no esta-

ba finalmente dormido, y eso muy tarde. ¿Qué
tiene de tan especial este acercamiento?, y ¿cuáles
son sus componentes útiles?

*Cuando los niños son presa de emociones fuertes, no
pueden escuchar a nadie.* No pueden aceptar ni consejos ni consuelo ni críticas constructivas. *Quieren
que comprendamos lo que les está pasando por dentro, lo
que ellos están sintiendo en ese momento en particular.*
Además, quieren ser comprendidos sin tener que
revelar todo lo que están experimentando. Es un
juego en que solo revelan un poco de lo que sienten; nosotros tenemos que adivinar el resto.

Cuando una niña nos dice: «La maestra me ha
gritado» no debemos pedirle más detalles ni tampoco hace falta decir: «¿Qué hiciste para merecer-
lo? Si la maestra te ha gritado, debes de haber
hecho algo. ¿Qué hiciste?». Ni siquiera hace falta
decir: «Ah, lo siento mucho». Debemos mostrarle
que entendemos su dolor, su vergüenza y su enfado.

Un día Clara, de ocho años, llegó furiosa a
casa: «Yo no vuelvo a la escuela».

Madre: Pareces bastante disgustada. ¿Te gustaría explicármelo?
Clara: La maestra me rompió la hoja. Lo traba-
jé tanto y ella apenas lo miró y lo rompió.
Madre: ¿Sin tu permiso? ¡No me extraña que
estés tan enfadada!

La madre se contuvo de hacer cualquier otro
comentario o pregunta. Supo que su hija necesitaba que le hablara con comprensión y empatía para
ayudarla a disminuir su rabia.

Otro ejemplo: Juan, de nueve años, volvió a casa de la escuela muy descontento, quejándose: «La maestra nos ha amargado el día».

Madre: Pareces agotado.
Juan: Dos niños estaban haciendo ruido en la biblioteca y ella no sabía quiénes eran, así que nos castigó a todos dejándonos casi todo el día de pie en el pasillo.
Madre: ¡Una clase entera de pie en el pasillo todo el día en lugar de aprender! No me sorprende que estés cansado.
Juan: Pero yo le hablé. Le dije: «Señorita, confío en su habilidad para descubrir quién ha hecho el ruido para que no tenga que castigarnos a todos».
Madre: ¡Cielos, un muchacho de nueve años, ayudando a su maestra a comprender que no es justo castigar a una clase entera por el mal comportamiento de unos pocos!
Juan: No funcionó. Pero por lo menos ella sonrió por primera vez en todo el día.
Madre: Bueno, no conseguiste que cambiara de idea, pero sí le mejoraste el humor.

Al escuchar, respetar los sentimientos de su hijo, reconocer su percepción y responder con aprecio a su intento de encontrar una solución, la madre de Juan le ayudó a cambiar de humor y disminuir su enojo.

¿Cómo sabemos lo que sienten nuestros hijos? Los miramos y los escuchamos. También utilizamos nuestras propias experiencias emocionales.

Sabemos lo que los niños *deben* sentir cuando se les avergüenza en público en presencia de sus compañeros. Nos expresamos para que sepan que entendemos lo que han experimentado. Cualquiera de las frases siguientes sería útil:

«Debe de haber sido muy violento.»
«Debes de haberte puesto furiosa.»
«Debes de haber odiado al maestro en ese momento.»
«Debe de haber herido tus sentimientos terriblemente.»
«Has tenido un mal día.»

Desgraciadamente, cuando los padres se enfrentan al mal comportamiento de sus hijos, ignoran que normalmente son los sentimientos perturbadores los que provocan tal conducta. *Hay que ocuparse de los sentimientos antes que intentar mejorar la conducta.*

Tal como explicó la madre de Benjamín, de doce años: «Llegué a casa del trabajo ayer y antes de que me pudiera quitar la chaqueta, mi hijo, Benjamín, salió disparado de su habitación y empezó a quejarse de su maestra: "Nos pone tantos deberes que no los podríamos acabar en un año. ¿Cómo voy a escribir este poema para mañana? Y todavía le debo un relato corto de la semana pasada. Y hoy me ha chillado. ¡Realmente me debe de odiar!".

»Perdí la calma y le grité: "Tengo un jefe que es tan antipático como tu maestra, pero tú no me oyes quejarme. No es de extrañar que te chille tu maestra. Nunca acabas los deberes. Eres un perezoso total. Para de quejarte y empieza a trabajar o suspenderás"».

«¿Qué pasó después de que usted expresó su enojo?», le pregunté.

«Bueno, mi hijo subió echando pestes a su cuarto, cerró con llave y se negó a bajar a cenar.»

«¿Cómo se sintió usted?», pregunté.

«Fatal. La tarde entera se estropeó, todos estábamos disgustados. El ambiente fue deprimente. Me sentía culpable, pero no supe qué hacer.»

«¿Cómo cree que se sentía su hijo?», pregunté.

«Probablemente enfadado conmigo, asustado de su maestra, frustrado, desesperado, y demasiado perturbado como para concentrarse. Yo no le serví de mucha ayuda. Pero no lo soporto cuando él se queja y no reconoce su responsabilidad.»

Si Benjamín hubiera podido *expresar sus sentimientos, en lugar de quejarse*, el incidente entero se habría evitado. Si hubiera podido decir: «Mamá, tengo miedo de ir a la escuela mañana, tengo que escribir un poema y un relato corto y estoy demasiado nervioso como para concentrarme», su madre habría podido entonces compadecer a su hijo al reconocer su dificultad: en tono comprensivo, ella podría parafrasear: «Hmm, tienes miedo de no poder escribir un poema y un relato corto para mañana por la mañana. ¡Claro que te sientes agobiado!».

Desgraciadamente, *ni nosotros ni nuestros hijos hemos sido educados para compartir nuestros sentimientos. A menudo, ni siquiera sabemos ni qué ni cómo nos sentimos.*

Normalmente, cuando a los niños les cuesta arreglárselas solos, se enfadan y reprochan a los demás sus dificultades, lo cual normalmente enfurece a sus padres, quienes entonces culpan a sus hijos y dicen cosas que más tarde se arrepienten de haber dicho, sin resolver el problema.

Puesto que los niños encuentran difícil compartir sus sentimientos, sería útil que los padres pudieran aprender a *escuchar los sentimientos de miedo, de desesperación y de impotencia que se esconden detrás de los arrebatos de rabia.* En lugar de *reaccionar* a la conducta, responderían a los sentimientos disgustados de sus hijos y les ayudarían a arreglárselas. Solo cuando los niños *se sienten bien pueden pensar claramente y actuar correctamente* –en este caso, concentrarse, prestar atención y ser capaz de escuchar.

Las emociones intensas de los niños no desaparecen cuando se les dice «No es bueno sentirse así», o cuando los padres intentan convencerles de que «No tienen ningún motivo para sentirse así». *Las emociones intensas no desaparecen al desterrarlas;* pero sí disminuyen en intensidad y se suavizan cuando el oyente las acepta con simpatía y comprensión.

Esto sirve no solo para los niños, sino también para los adultos, como demuestra el siguiente diálogo, tomado de un taller de padres:

Moderador: Supongamos que es una de aquellas mañanas en las que todo parece salir mal. El teléfono suena, el bebé llora, y antes de que usted se dé cuenta, las tostadas se han quemado. Su cónyuge le mira por encima de la tostadora y dice: «¡Dios mío! ¿Cuándo aprenderás a hacer tostadas?». ¿Cuál sería su reacción?

A: ¡Yo le tiraría las tostadas a la cara!

B: ¡Yo diría: «Hazlas tú, tus malditas tostadas»!

C: Yo me sentiría tan herida que solo podría llorar.

Moderador: ¿Qué le harían sentir por él o por ella sus palabras?

Los padres: Rabia, odio, resentimiento.

Moderador: ¿Le resultaría fácil preparar más tostadas?

A: ¡Solo si les pudiera poner algún veneno!

Moderador: ¿Y cómo se sentiría el resto del día?

A: ¡El día entero se habría estropeado!

Moderador: Supongamos que la situación es la misma: las tostadas se han quemado. Pero su cónyuge, viendo la situación, dice: «Vaya, cariño, qué mañana más dura para ti: el bebé, el teléfono, y ahora las tostadas».

B: ¡Yo me sentiría maravillosamente!

C: Yo me sentiría tan bien que le abrazaría y le daría un beso.

Moderador: ¿Por qué? El bebé todavía está llorando y las tostadas siguen estando quemadas.

Padres: Eso no importaría.

Moderador: ¿Cuál sería la diferencia?

A: Te sentirías agradecida por no ser criticada.

Moderador: ¿Y qué tipo de día tendría?

C: Un día alegre y feliz.

Moderador: Permítanme ahora darles un tercer guión. Su cónyuge examina la tostada quemada y serenamente le dice: «Cariño, déjame enseñarte cómo preparar una tostada».

B: Ah, no. Ese es aún peor que el primero. Ahora me sentiría tonto.

Moderador: Veamos cómo se pueden aplicar a nuestro trato con los hijos estos tres enfoques del incidente de las tostadas.

A: Ya veo por dónde van los tiros. Yo siempre le digo a mi hijo: «Eres suficientemente mayor como para saber esto, eres lo bastante mayor como para saber aquello». Debe de ponerle furioso. Normalmente así sucede.

B: Yo siempre le digo a mi hija: «Déjame enseñarte cómo hacer esto o aquello».

C: Yo estoy tan acostumbrada a ser criticada que me sale por naturaleza. Uso exactamente las mismas palabras que mi madre usaba conmigo cuando yo era niña. Y yo la odiaba por ello. Nunca hacía nada bien, y ella siempre me hacía repetir las cosas.

Moderador: ¿Y usted ahora se da cuenta de que usa las mismas palabras con su hija?

C: Sí. No me gusta en absoluto ni me gustó cuando lo hago.

Moderador: Veamos lo que podemos aprender de la historia de las tostadas quemadas. ¿Qué fue lo que ayudó a cambiar los sentimientos desagradables en afectuosos?

B: El hecho de que alguien te comprendiera.

C: Sin culparte.

A: Y sin decirte cómo mejorar.

Este diálogo (adaptado de Ginott, *Group Phychotherapy with Children*; McGraw-Hill, 1961) ilustra el poder de las palabras para engendrar hostilidad o felicidad. La moraleja de la historia es que *nuestras respuestas (las palabras y los sentimientos) pueden representar una diferencia decisiva en el ambiente de nuestro hogar.*

PRINCIPIOS DE CONVERSACIÓN: COMPRENSIÓN Y EMPATÍA

Cuando un niño cuenta o pregunta sobre un *suceso*, a menudo es mejor responder, no al suceso, sino a la *relación* implicada.

Raquel, de seis años, se quejó de que «últimamente» ella recibía menos regalos que su hermano. Su madre no negó la queja, tampoco le dijo que su hermano era mayor y por ello merecía más, ni tampoco prometió deshacer el agravio. Ella sabía que los niños se preocupan más por la profundidad de sus relaciones con sus padres que por el tamaño y número de regalos. Le dijo: «¿Te preguntas si yo te quiero tanto como a él?». Sin decir nada más, abrazó a Raquel, que respondió con una sonrisa de sorpresa y placer. Este era el final de una conversación que podría haberse convertido en una discusión interminable.

Detrás de muchas preguntas infantiles está el deseo de consuelo. La mejor respuesta para tales preguntas es la afirmación de nuestra relación permanente.

Cuando un niño cuenta un *suceso*, a veces es útil responder no al propio suceso, sino a los *sentimientos* que lo rodean. Gloria, de siete años, llegó a casa disgustada. Le contó a su padre cómo habían empujado a su amiga Diana de la acera a la cuneta, llena de agua. En lugar de pedir más detalles o amenazar con castigar a los culpables, el padre respondió a los *sentimientos* de su hija. Dijo: «Eso debe de haberte afectado. Estabas enfadada con los muchachos que lo hicieron. Todavía estás enfadada con ellos».

A todas estas declaraciones, Gloria respondió con un enfático «¡Sí!». Cuando su padre preguntó: «¿Temes que te lo hagan a ti también?», Gloria contestó con decisión: «Que lo intenten, los arrastraré conmigo. ¡Eso les salpicaría un montón!». Entonces empezó a reírse de la imagen. Éste era el final feliz de una conversación que podría haberse convertido en un sermón de consejos inútiles sobre los métodos de autodefensa.

Cuando un niño llega a casa con un sinfín de quejas sobre un amigo o un maestro o sobre su vida, es mejor responder según el tono de las emociones, en vez de intentar determinar los hechos o verificar los incidentes.

Borja, de diez años, llegó a casa malhumorado y quejándose.

Borja: ¡Qué vida más asquerosa! La maestra me llamó mentiroso, solo porque le dije que olvidé los deberes. ¡Y me gritó! ¡Cómo me gritó! Dijo que te mandaría una nota.
Madre: Has tenido un mal día.
Borja: Ya lo creo.
Madre: Debías de sentirte muy violento y alterado cuando te llamó mentiroso delante de la clase entera.
Borja: ¡Pues tú dirás!
Madre: ¡A que por dentro le deseabas unas cuantas cosas!
Borja: ¡Uf, sí! ¿Pero cómo lo sabes?

Madre: Es lo que normalmente hacemos cuando alguien nos hiere.
Borja: ¡Qué alivio!

Es un consuelo profundo para los niños descubrir que sus sentimientos son una parte normal de la experiencia humana. No hay mejor manera de comunicar esto que comprenderlos.

Cuando un niño hace una declaración sobre sí mismo, a menudo es mejor no responder con acuerdo o discrepancia, sino con detalles específicos que llevan al niño a una comprensión más allá de lo esperado.

Cuando una niña dice: «No soy buena en mates», poco le ayuda decirle: «No, lo tuyo no son los números». Ni tampoco es útil rebatir su opinión u ofrecer consejos baratos: «Si estudiaras más, te iría mejor». Tal respuesta rápida solo hiere su autoestima y la lección instantánea solo disminuye su confianza.

Su declaración: «No soy buena en mates» se puede atender con seriedad y entendimiento. Cualquiera de las siguientes frases serviría:

«Las mates no son una materia fácil.»
«Algunos problemas son demasiado difíciles de resolver.»
«El maestro no lo pone más fácil con sus críticas.»
«Las matemáticas te hacen sentirte tonta.»
«Siempre estarás deseando que la hora acabe.»
«Cuando ha terminado, te sientes más segura.»
«Los exámenes deben de costarte mucho.»

«El suspenso debe de preocuparte mucho.»

«Debes de estar preocupada por lo que nosotros podamos pensar.»

«Quizá temes defraudarnos.»

«Sabemos que algunas materias no son fáciles.»

«Confiamos plenamente en que lo harás lo mejor que puedas.»

Una muchacha de doce años nos contó que casi se desmaya cuando su padre habló con ella con comprensión al ver el boletín de notas lleno de suspensos. Su reacción interna fue: «Tengo que cumplir con la confianza que mi padre tiene en mí».

De tarde en tarde, casi todos los padres oyen a un hijo o una hija declarar: «Soy tonto/a». Sabiendo que un hijo *suyo* no puede ser tonto, el padre se empeña en convencerle de que es inteligente, tal como hizo este padre.

Carlos: Soy tonto.

Padre: No eres tonto.

Carlos: Sí que lo soy.

Padre: No eres tonto. ¿Recuerdas lo listo que fuiste en las colonias? El monitor te consideraba uno de los más brillantes.

Carlos: ¿Cómo sabes lo que él pensaba?

Padre: Me lo dijo.

Carlos: Ya. Entonces, ¿cómo es que siempre me llamaba tonto?

Padre: Solo lo decía en broma.

Carlos: Soy tonto, y lo sé. Mira mis notas.

Padre: Solo tienes que trabajar más.

Carlos: Ya trabajo más y no me sale. No tengo cabeza.
Padre: Eres listo, lo sé.
Carlos: Soy tonto, lo sé.
Padre (con fuerza): ¡No eres tonto!
Carlos: ¡Sí lo soy!
Padre: ¡No eres tonto, tonto!

Cuando un hijo declara que es tonto o feo o malo, nada de lo que podamos decir o hacer cambiará inmediatamente su autoimagen. La opinión de uno mismo inculcada en una persona se resiste a los esfuerzos directos por cambiarla. Como dijo un niño a su padre: «Sé que tienes buenas intenciones, papá, pero no soy tan tonto como para creerte cuando dices que soy listo».

Cuando un niño expresa una opinión negativa de sí mismo, nuestras negaciones y protestas son de poca ayuda para él. Solo provocan una declaración más fuerte de sus convicciones. *La mejor ayuda que podemos ofrecer es mostrar que comprendemos no solo cómo debe de sentirse, sino también las implicaciones específicas.* Por ejemplo:

Iván: Soy tonto.
Padre (seriamente): Realmente te sientes así, ¿verdad? ¿No crees que eres inteligente?
Iván: No.
Padre: Entonces ¿sufres bastante por dentro?
Iván: Sí.
Padre: En la escuela, debes de tener miedo la mayor parte del tiempo, miedo de suspender, miedo de sacar notas bajas. Cuando el maestro

te pregunta, te lías. Incluso cuando sabes la respuesta, no te sale bien. Tienes miedo a que tus palabras suenen ridículas, que el maestro te critique, y que los niños se rían de ti. Así que muchas veces prefieres no decir nada. Supongo que puedes recordar ocasiones en las que dijiste algo y se rieron de ti. Te hizo sentirte tonto. Herido y enfadado, también. *(Aquí el niño puede contarle algo de su experiencia.)*
Padre: ¡Mira, hijo! A mis ojos eres una persona maravillosa. Pero tú tienes una opinión diferente sobre ti mismo.

Esta conversación puede que no cambie al instante la imagen propia del niño, pero puede plantar en él una semilla de duda sobre su insuficiencia. Puede pensar: «Si mi padre me entiende y me considera una persona maravillosa, quizá no soy tan inútil». La intimidad que crea una conversación así puede llevar al hijo a intentar estar a la altura de la confianza que su padre tiene en él. Finalmente él mismo encontrará respuestas más esperanzadoras en su interior.

Cuando una niña dice: «Nunca tengo suerte», ningún argumento ni ninguna explicación le hará cambiar de idea. Para cada caso de buena fortuna que nosotros mencionemos, ella responderá con dos ejemplos de infortunio. Lo único que podemos hacer es mostrarle cuán íntimamente entendemos los sentimientos que la llevan a su creencia:

Alejandra: Yo nunca tengo suerte.
Madre: ¿Realmente te sientes así?

Alejandra: Sí.

Madre: Así que, cuando juegas a algo, piensas: no voy a ganar, no tengo suerte.

Alejandra: Sí, eso es exactamente lo que pienso.

Madre: En la escuela, si sabes la respuesta, piensas: hoy el maestro no me preguntará.

Alejandra: Sí.

Madre: Pero si no hiciste los deberes, piensas: hoy me preguntará.

Alejandra: Sí.

Madre: Supongo que puedes darme muchos ejemplos más.

Alejandra: Claro... como por ejemplo... *(la niña pone ejemplos).*

Madre: Me interesa lo que piensas sobre la suerte. Si algo pasa que te parece de mala suerte, o incluso de buena suerte, ven a decírmelo y lo hablaremos.

Esta conversación puede no cambiar la creencia de la niña en su mala suerte. Sin embargo, puede hacerle entender la suerte que tiene de tener una madre tan comprensiva.

LOS PECES NADAN, LOS PÁJAROS VUELAN Y LAS PERSONAS SIENTEN: SENTIMIENTOS AMBIVALENTES Y MENSAJES MIXTOS

Los niños nos quieren y a la vez se molestan con nosotros. Tienen un doble sentimiento hacia los padres, los maestros y todas las personas que tienen autoridad sobre ellos. Los padres encuentran difícil aceptar la ambivalencia como norma de la vida. No les gusta en ellos mismos y no pueden tolerarlo en sus hijos. Creen que hay algo inherentemente malo en sentir de dos maneras sobre las personas, especialmente sobre los miembros de la familia.

Podemos aprender a aceptar la existencia de sentimientos ambivalentes en nosotros y en nuestros hijos. Para evitar enfrentamientos innecesarios, los niños necesitan saber que tales sentimientos son normales y naturales. Podemos ahorrarle a un hijo mucha culpabilidad y ansiedad reconociendo y expresando esos sentimientos ambivalentes:

«Parece que tienes dos percepciones de tu maestra: te cae bien y te cae mal.»

«Parece que tienes dos sentimientos sobre tu hermano mayor: le admiras, pero también te molesta.»

«Tienes dos ideas sobre el asunto: te gustaría ir de colonias, pero también quieres quedarte en casa.»

Una declaración tranquila y no crítica de su ambivalencia ayuda a los niños porque les hace entender que incluso los sentimientos contradictorios no están más allá de la comprensión. Como dijo un niño: «Si mis sentimientos contradictorios pueden entenderse, no son tan contradictorios». Por otro lado, comentarios como el siguiente no son útiles en absoluto: «¡Chico, estás hecho un lío! Ahora tu amigo te cae bien, y al momento te cae fatal. Decídete de una vez, si eres capaz».

Una visión profunda y elaborada de la realidad humana tiene en cuenta que donde hay amor, puede haber también un poco de odio; donde hay admiración, hay también algo de envidia; donde hay devoción, hay también un punto de hostilidad; donde hay éxito, hay también temor. Requiere una gran sabiduría comprender que *todos los sentimientos son legítimos: el positivo, el negativo y el ambivalente.*

No es fácil interiorizar tales conceptos. Nuestra formación infantil y posterior educación adulta nos predisponen a la perspectiva opuesta. Nos han enseñado que los sentimientos negativos son «malos» y no deben tenerse, o que deberíamos avergonzarnos de ellos. El nuevo enfoque nos dice que solo los actos reales pueden juzgarse, mientras que los actos imaginarios «malos» o «buenos» no se pueden juzgar. Solo se puede condenar o premiar una *conducta:* los *sentimientos* ni pueden ni deben ser juzgados. Juzgar los sentimientos y censurar la fantasía, violentaría la libertad personal y la salud mental.

Las emociones son parte de nuestra herencia genética. *Los peces nadan, los pájaros vuelan y las personas sienten.* A veces estamos contentos, y a veces no; pero algunas veces en nuestras vidas ciertamente sentiremos *enojo y miedo, tristeza y alegría, codicia y culpabilidad, lujuria y desdén, deleite y asco.* Aunque no somos libres de escoger las emociones que surgen dentro de nosotros, sí somos libres de escoger cómo y cuándo expresarlas, con tal de que sepamos lo que son. Este es el meollo del problema. A muchas personas se les ha enseñado a ignorar lo que son sus sentimientos. Cuando sentían odio, les decían que era solo aversión. Cuando tenían miedo, les decían que no había de qué temer. Cuando sentían dolor, les aconsejaban ser valientes y sonreír. A muchos de nosotros se nos ha enseñado a fingir que estamos contentos cuando no lo estamos.

¿Qué se sugiere en lugar de esta simulación? La verdad. La educación emocional puede ayudar a que los niños sepan lo que sienten. Es más importante para un niño o una niña *saber lo que siente que saber por qué lo siente*. Cuando sepa claramente lo que son sus sentimientos, tendrá menos tendencia a sentir «confusión interior».

REFLEJAR LAS EMOCIONES: REFLEJAR LOS SENTIMIENTOS DE LOS NIÑOS LES AYUDA A ENTENDER LO QUE SIENTEN

Los niños aprenden cómo es su apariencia física al mirar su imagen en el espejo. Aprenden cómo es su esencia emocional al escuchar sus sentimientos reflejados. La función de un espejo es reflejar una imagen tal como es, sin agregar ni lisonjas ni defectos. No queremos un espejo que nos diga: «¡Qué mal aspecto! Tiene los ojos enrojecidos y la cara hinchada. Está fatal. Tiene que hacer algo». Después de varios encuentros con tal espejo mágico, huiríamos de él como de la peste. *De un espejo queremos una imagen, no un sermón.* Puede no gustarnos la imagen que vemos; de todas formas, preferimos decidir solos nuestra próxima gestión cosmética.

De modo parecido, la función de un espejo emocional es reflejar los sentimientos tal como son, sin distorsiones:

«Me parece que estás muy enfadado.»
«Parece que le odias de verdad.»
«Parece que estás realmente harta de esta situación.»

A un niño que tiene tales sentimientos, estas afirmaciones le son de gran utilidad. Le muestran claramente lo que son sus sentimientos. La claridad de la imagen, tanto en un espejo de cristal como en un espejo emocional, proporciona la oportunidad de un acicalamiento y un cambio autoiniciados.

Como adultos todos nos hemos sentido heridos, enfadados, asustados, desconcertados o tristes. *En momentos de emoción fuerte no hay nada tan reconfortante y útil como una persona que te escucha y te comprende.*

Lo que es verdad para los adultos también es verdad para los niños. La comunicación afectuosa reemplaza la crítica, el sermoneo y los consejos con el bálsamo curativo de la comprensión humana.

Cuando uno de nuestros hijos está angustiado, asustado, confundido o triste, nos apresuramos por naturaleza a juzgar y aconsejar. El mensaje claro, aunque no intencionado, es: «Eres demasiado torpe para saber qué hacer». Al dolor original añadimos el nuevo insulto.

Existe un modo mejor. Cuando ofrecemos tiempo y comprensión para entender al niño, enviamos un mensaje muy distinto: «Tú me importas. Quiero comprender tus sentimientos». Detrás de este mensaje vital está el consuelo: «A medida que te vayas tranquilizando, encontrarás las mejores soluciones».

CAPÍTULO **2**

EL PODER DE LAS PALABRAS: FORMAS MÁS EFICACES DE ANIMAR Y ORIENTAR

En la psicoterapia, nunca se le dice a un niño «Eres un buen chaval», «Eres maravilloso». El elogio crítico y evaluativo se evita. ¿Por qué? Porque no es útil. Crea ansiedad, invita a la dependencia y provoca una actitud defensiva. No conduce ni a la autosuficiencia, ni a la autodirección, ni al autocontrol, cualidades que exigen una liberación del juicio externo, que requieren una confianza en la motivación y la evaluación internas. *Los niños necesitan ser libres de la presión del elogio evaluativo para que los demás no se conviertan en su fuente de aprobación.*

¿EL ELOGIO YA NO ES BUENO PARA LOS NIÑOS?

A veces la mala conducta surge en los momentos más inesperados.

Un lunes por la mañana, después del fin de semana de Acción de Gracias, una familia volvía a casa en coche desde Pittsburgh a Nueva York. En el asiento de atrás, Iván, de seis años, se portaba como un ángel, callado y absorto en sus pensamientos. Su madre pensó: merece alguna alabanza.

Al entrar en el Lincoln Tunnel ella se volvió y le dijo: «Eres tan bueno, Iván. Te has portado tan bien. Estoy muy orgullosa de ti».

Instantes después Iván cogió el cenicero y vertió todo el contenido sobre sus padres. Las cenizas y las colillas caían sin cesar, cual lluvia radiactiva. La familia estaba en el túnel, el tráfico era intenso, y se estaban ahogando. La madre tenía ganas de matarlo. Lo que más le molestaba era que acababa de alabarlo. *¿El elogio ya no es bueno para los niños?*, se preguntó.

Semanas más tarde el propio Iván reveló la causa de la explosión. Durante todo el camino a casa había estado preguntándose cómo podría librarse de su hermano pequeño, que estaba acurrucado entre sus padres en el asiento delantero. Finalmente se le ocurrió que si el coche quedara cortado por el medio, él y sus padres estarían a salvo, pero el bebé se partiría en dos. Justo en aquel momento su madre lo felicitó por su buena conducta. La alabanza le hizo sentirse culpable, y desesperadamente quiso mostrar que no la merecía. Echó una mirada a su alrededor, vio el cenicero, y acto seguido ocurrió el resto.

Hacer algo bien no te convierte en buena persona

La mayoría de las personas creen que la alabanza refuerza la confianza del niño y le hace sentirse seguro. En realidad, la alabanza puede producir tensión y mala conducta. ¿Por qué? Muchos niños, de vez en cuando tienen deseos destructivos hacia los miembros de su familia. Cuando los padres le dicen a un niño: «Eres un niño tan bueno», es

posible que él no pueda aceptarlo porque su autoimagen es bastante diferente. A sus ojos, no puede
ser «bueno» cuando hace poco deseó que su madre
desapareciera o que su hermano pasara el próximo
fin de semana en el hospital. De hecho, cuanto
más se le alaba, peor se porta para mostrar su «verdadero ser». A menudo los padres señalan que
justo después de felicitar a los niños por su buena
conducta, ellos empiezan a hacer salvajadas para
desmentir el cumplido. Es posible que portarse
mal sea, para el niño, la manera de comunicar sus
dudas particulares sobre una imagen pública.

No es infrecuente que los niños que reciben
alabanzas por ser inteligentes se vuelvan *menos* pro-
pensos a asumir desafíos de aprendizaje porque no
quieren arriesgar su alto nivel. En cambio, *cuando
se alaba a los niños por sus esfuerzos, demuestran mayor
persistencia en las tareas difíciles.*

Elogios deseables e indeseables

El elogio, como la penicilina, no debe adminis-
trarse de cualquier modo. Hay normas y advertencias que gobiernan el manejo de los medicamentos
potentes –normas sobre tiempo y dosificación, y
advertencias sobre las posibles reacciones alérgi-
cas–. Existen también reglamentos similares sobre
la administración de la medicina emocional. La
norma más importante es que *la alabanza debe tratar únicamente con los esfuerzos y logros del niño, no con
su carácter y personalidad.*

Cuando un niño limpia el patio, es completamente normal comentar cuánto ha trabajado
y lo bonito que ha quedado. Queda fuera de lugar,

y es inapropiado, decirle que es una buena persona. *Las alabanzas deben reflejarle una imagen realista de sus logros, no una imagen distorsionada de su personalidad.*

El ejemplo siguiente ilustra el elogio deseable: Julia, de ocho años, se esforzó mucho en limpiar el jardín. Rastrilló las hojas muertas, recogió la basura y ordenó las herramientas. Su madre estuvo impresionada y expresó admiración por los esfuerzos y logros de su hija:

Madre: El jardín estaba tan sucio y desordenado que no pensé que se podría limpiar en un día.

Julia: ¡Yo lo conseguí!

Madre: Estaba lleno de hojas secas y basura y trastos.

Julia: Yo lo limpié todo.

Madre: ¡Hiciste un gran esfuerzo!

Julia: Sí, ya lo creo.

Madre: Ahora el jardín está tan limpio que da gusto verlo.

Julia: Ha quedado bien.

Madre: Tu cara reluciente me dice lo orgullosa que estás. Gracias, cariño.

Julia (con una sonrisa kilométrica): De nada.

Las palabras de su madre hicieron que Julia se sintiera contenta de sus esfuerzos y orgullosa de sus logros. Aquella tarde estuvo esperando impaciente la llegada de su padre para enseñarle el jardín limpio y de nuevo sentir por dentro el orgullo de una tarea bien hecha.

En cambio, las siguientes frases de alabanza, dirigidas a la personalidad del niño, no le ayudan:

«Eres una hija maravillosa.»
«Eres de verdad la pequeña ayudante de mamá.»
«¿Qué haría mamá sin ti?»

Tales comentarios pueden amenazar a un niño y causarle ansiedad. Puede que sienta que está lejos de ser maravilloso y que es incapaz de cumplir con esta etiqueta. Así, en lugar de esperar con miedo a ser expuesto como un farsante, puede decidir disminuir su carga inmediatamente mediante una confesión de mal comportamiento. La alabanza directa a la personalidad, al igual que la luz directa del sol, es incómoda y deslumbrante. *Una persona puede violentarse cuando se le dice que es maravillosa, angélica, generosa y humilde.* Se siente obligada a negar por lo menos parte de la alabanza. Públicamente, no puede levantarse y decir: «Gracias, acepto tus palabras de que soy maravillosa». En privado, también debe rechazar tal alabanza. No puede decir honestamente: soy maravillosa. Soy buena, fuerte, generosa y humilde. Puede que no solo rechace la alabanza, sino que también tenga dudas sobre aquellos que la han alabado: si me ven tan maravillosa, no deben de ser muy listos.

El aprendizaje del proceso de elogio
El elogio consiste en dos partes: lo que nosotros decimos a los niños y lo que a su vez ellos se dicen a sí mismos.

Nuestras palabras deben manifestar de una forma totalmente clara todo aquello que nos gusta y apreciamos sobre el esfuerzo, la ayuda, el trabajo, la consideración, la creación o los logros. Nuestras palabras deben idearse con sumo cuidado para que un niño casi inevitablemente saque de ellas una conclusión realista sobre su personalidad; deben ser como un lienzo mágico en el cual los niños no pueden evitar pintar una imagen positiva de sí mismos.

Marcos, de ocho años, ayudó a su padre a arreglar el sótano. Tuvieron que mover algunos muebles grandes.

Padre: El banco de trabajo pesa un montón. Es difícil moverlo.
Marcos (con orgullo): Pero yo lo hice.
El padre: Se necesita mucha fuerza.
Marcos (sacando los músculos): Soy fuerte.

En este ejemplo, el padre de Marcos hizo un comentario sobre *la dificultad de la tarea.* Fue el propio Marcos quien sacó las conclusiones sobre su fuerza. En cambio, su padre hubiera dicho: «Hijo, ¡qué fuerte eres!», Marcos, casi con toda seguridad, habría contestado: «¡Qué va! Hay chicos que son mucho más fuertes que yo en mi clase». A continuación podrían haber tenido una discusión, como mínimo infructuosa, si no algo agria.

Normalmente alabamos a nuestros hijos cuando queremos que se sientan bien consigo mismos. ¿Por qué, entonces, cuando decimos a una hija:

«¡Eres muy guapa!», ella lo niega? ¿Por qué, cuando decimos a un hijo: «Eres brillante», él se avergüenza y se aleja? ¿Es que nuestros hijos son tan difíciles de complacer que incluso la alabanza no ayuda? Claro que no. Lo más probable es que nuestros hijos, como la mayoría de las personas, no respondan a las palabras de alabanza que valoran su personalidad o sus atributos físicos y mentales. A los niños no les gusta ser evaluados.

¿Cómo se sentiría cualquiera de nosotros si, al final de cada mes, la persona que dice amarnos nos evaluara? «En besar tienes un sobresaliente pero en abrazar solo sacas notable; en amar, por otro lado, tienes sobresaliente.» Nos sentiríamos incómodos y degradados. No nos sentiríamos amados.

Hay una manera más eficaz: *una descripción que denota deleite y admiración, palabras que comunican reconocimiento del esfuerzo, y declaraciones que transmiten respeto y comprensión.*

Jana, de trece años, estaba sola en casa cuando un ladrón trató de forzar la entrada. Ella intentó llamar a los vecinos, pero nadie contestó. Entonces llamó a la policía.

Cuando sus padres volvieron a casa, encontraron a un policía tomándole la declaración. Estaban impresionados de la madurez con que Jana había enfrentado esta situación aterradora.

Pero en lugar de elogiarla por ser extraordinaria o madura, le hablaron sobre la situación y le describieron su conducta eficaz en detalle y con gran apreciación.

El padre le dijo: «La manera en que actuaste concuerda con la definición del valor de

Hemingway: "La elegancia bajo presión". Cómo impresiona ver a una joven de trece años mantener la calma en una situación límite, hacer lo que hay que hacer para protegerse, llamar a un vecino, y entonces llamar a la policía y dar los detalles necesarios. Tu madre y yo estamos admirados».

Jana le escuchó mientras empezaba a tranquilizarse, y con una gran sonrisa dijo: «Supongo que estoy aprendiendo a abordar las cosas de la vida».

Debido a la respuesta de sus padres, Jana no se quejó de que la hubieran dejado sola. Al contrario, salió de una situación aterradora sintiéndose más competente.

Otro ejemplo: la madre de Lucas pasó una tarde mirando a su hijo jugar a fútbol. Después del partido, quiso compartir con su hijo su reconocimiento de su talento y habilidad, y le describió detalladamente lo que le había impresionado: «Fue una gozada verte jugar esta tarde, sobre todo los últimos diez segundos cuando viste una oportunidad de marcar. Corriste por todo el campo desde tu posición defensiva y diste a un compañero el gol de la victoria. ¡Debes de estar tan orgulloso!».

Ella agregó «¡*Debes* de estar tan orgulloso!» porque quiso que él desarrollara un orgullo interno.

Un padre le pidió a su hija Berta, de seis años, que le ayudara a amontonar las hojas secas después de haberlas rastrillado. Cuando acabaron, el padre apuntó a los montones de hojarasca y dijo: «¡Uno, dos, tres, cuatro, cinco, seis! ¡Seis montones en media hora! ¿Cómo has conseguido trabajar tan rápido?». Aquella noche, cuando Berta estaba diciendo buenas noches a su padre, le pidió:

«Papá, ¿me puedes volver a contar lo de mis montones?».

Ser específicos y descriptivos en nuestras alabanzas requiere un esfuerzo. Los niños se benefician de la información y el reconocimiento mucho más que cuando evaluamos su personalidad.

La madre de Jorge dejó una nota encima de la guitarra de su hijo: «Da gusto oírte tocar». Su hijo estaba encantado. «Gracias por decirme que toco bien». Él tradujo la apreciación de su madre en una expresión de elogio.

El elogio también puede desanimar. Depende de lo que piense el niño de sí mismo después de ser alabado.

Cuando Laura, de doce años, llegó al tercer nivel de un juego de vídeo, su padre exclamó: «¡Eres genial! ¡Tienes una coordinación perfecta! Eres una jugadora de primera». Laura perdió el interés y se alejó. Después de la alabanza de su padre le era difícil continuar porque se dijo: «Papá piensa que soy una gran jugadora, pero no soy ninguna especialista. Llegué al tercer nivel por pura suerte. Si lo intento de nuevo, a lo mejor no llego ni al segundo nivel. Es mejor dejarlo aquí». Habría sido mejor si su padre hubiera dicho: «Debe de hacerte ilusión alcanzar un nuevo nivel».

Ofrecemos algunos ejemplos más sobre este punto:

Una alabanza útil: Gracias por lavar el automóvil; está como nuevo.
Una posible conclusión: Hice un buen trabajo. Mi trabajo se aprecia.

(Una alabanza inútil: Eres un ángel.)

Una alabanza útil: Me gustó la tarjeta que me mandaste cuando estaba enferma. Estaba muy bien hecha y tenía mucha gracia.

Una posible conclusión: Tengo buen gusto. Puedo confiar en mi capacidad para escoger las cosas. (Una alabanza inútil: Eres tan amable...)

Una alabanza útil: Tu poema me llegó al corazón.

Una posible conclusión: Me alegro de saber escribir poemas.

(Una alabanza inútil: Eres buen poeta dada tu edad.)

Una alabanza útil: La librería que hiciste es preciosa.

Una posible conclusión: Soy hábil.

(Una alabanza inútil: Eres tan buen carpintero...)

Una alabanza útil: Tu carta me dio una gran alegría.

Una posible conclusión: Puedo dar felicidad a los demás.

(Una alabanza inútil: Eres, de verdad, un escritor excelente.)

Una alabanza útil: Estoy muy agradecida de que hayas lavado los platos hoy.

Una posible conclusión: Soy responsable.

(Una alabanza inútil: Hiciste mejor trabajo que nadie.)

Una alabanza útil: Gracias por decirme que te he pagado demasiado. Estoy muy agradecida.

Una posible conclusión: Me alegro de ser honrado.

(Una alabanza inútil: Eres un niño tan honrado...)
Una alabanza útil: Tu redacción me dio varias ideas nuevas.
Una posible conclusión: Puedo ser original.
(Una alabanza inútil: Escribes bien para el curso en que estás. Claro, todavía tienes mucho que aprender.)

Declaraciones descriptivas como estas y las conclusiones positivas del niño son los componentes básicos de la salud mental. Lo que los niños deducen sobre sí mismos en respuesta a nuestras palabras, luego lo reiteran interiormente. Las declaraciones positivas repetidas interiormente por los niños determinan en gran parte su buena opinión de sí mismos y del mundo que les rodea.

CÓMO PROPORCIONAR ORIENTACIÓN EN LUGAR DE CRÍTICAS

La crítica y la alabanza evaluativa son dos caras de la misma moneda. Ambas sentencian. Para evitar sentenciar, los psicólogos no utilizan la crítica para influir en los niños: *utilizan la orientación.* Con la crítica los padres atacan los atributos personales y el carácter de sus hijos. *Con la orientación señalamos el problema y una posible solución. No decimos nada al niño sobre sí mismo.*

Cuando María, de ocho años, vertió el zumo sin querer, su madre comentó serenamente: «El zumo se ha vertido. Vamos a poner más y a buscar una esponja». Se levantó y le dio el zumo y la esponja a su hija. María la miró con alivio y sorpresa, y musitó: «Ay, gracias mamá», y limpió la mesa con la ayuda de su madre. La madre consiguió no agregar comentarios mordaces o advertencias inútiles, y más adelante explicó: «Tenía ganas de decir: "La próxima vez ten cuidado", pero cuando vi lo agradecida que estaba por mi silencio benévolo, no dije nada».

Cuando las cosas van mal no es el momento de criticar la personalidad del culpable; lo mejor es tratar únicamente con los hechos, no con la persona. Imagine que está conduciendo con alguien querido y se equivoca de salida. ¿Ayudaría si le dijeran: «¿Por qué no tomaste esta salida? ¿No viste el cartel? Había un cartel enorme. Cualquiera podría verlo»? En ese momento ¿sentiría usted un gran acceso de amor? ¿Se diría usted «Voy a mejorar mi conducción y mi lectura para complacer a mi amado»?, ¿o le apetecería pagarle con la misma moneda? ¿Qué sería más útil? Un suspiro empático: «Ay, cariño, ¡qué rabia!» o quizá simplemente dar información: «Hay una salida a once kilómetros».

CUANDO LAS COSAS VAN MAL, RESPONDA, NO REACCIONE

En muchos hogares, las tormentas entre padres e hijos se desarrollan según una sucesión regular y predecible. El niño hace o dice algo «malo», el padre reacciona con algo insultante, el niño contesta con algo peor, el padre replica con amenazas estridentes o castigos arbitrarios, y la refriega está armada.

Una mañana, durante el desayuno, Manuel, de siete años, estaba jugando con una taza vacía mientras su padre leía el periódico.

Padre: Lo romperás. Siempre rompes las cosas.
Manuel: No, no es verdad.

Y justo entonces la taza cayó al suelo y se rompió.

Padre: ¡Por Dios!, ¡qué tonto! ¡Lo rompes todo!
Manuel: ¡Tonto, tú! Tú rompiste el plato preferido de mamá.
Padre: ¡Llamas tonto a tu padre! ¡Eres un maleducado!
Manuel: ¡Maleducado, tú! Me llamaste tonto primero.
Padre: ¡Ni una sola palabra más! ¡Vete a tu cuarto enseguida!
Manuel: ¡Venga, oblígame!

Con este desafío directo a su autoridad, el padre se enfureció. Agarró a su hijo y empezó a darle azotes con rabia. Mientras intentaba escaparse, Manuel empujó a su padre hacia una puerta de cristal. El cristal se rompió y cortó la mano del padre. Al ver la sangre a Manuel le entró el pánico. Salió corriendo de la casa y no lo encontraron hasta el anochecer. Todos estaban alterados y nadie durmió bien aquella noche.

Si Manuel aprendió, o no, a no jugar con las tazas vacías, fue menos importante que la lección negativa que aprendió sobre sí mismo y sobre su padre. La pregunta es: ¿fue necesaria esa batalla? ¿Era inevitable la pelea? o ¿es posible enfrentar tales incidentes con más sabiduría?

Al ver a su hijo jugando con la taza, el padre podría habérsela quitado y haberle sugerido algo más adecuado, como una pelota. O cuando la taza se rompió, podría haber ayudado a su hijo a recogerla, con algún comentario como «Las tazas pueden romperse fácilmente. ¿Quién iba a imaginar que una taza tan pequeña podría ser tan difícil de recoger?».

La sorpresa de una frase tan tranquila podría haber impulsado a Manuel a disculparse y a desagraviar la situación. Con la ausencia de gritos y manotadas, incluso podría haber sacado la conclusión por sí mismo de que las tazas no son juguetes.

Desgracias menores y valores mayores. De las desgracias menores los niños pueden aprender grandes lecciones de valores. Deben aprender de sus padres a distinguir entre los sucesos meramente desagradables y molestos y aquellos que son trágicos o catastróficos. Muchos padres reaccionan ante un huevo roto como ante una pierna fracturada; ante una ventana hecha añicos como ante un corazón destrozado. Los infortunios menores deben señalarse a los niños como tales: «Así que has vuelto a perder tu guante. La verdad es que da rabia. Es una lástima, pero no es una catástrofe. Es solo una desgracia».

Un guante perdido no debe llevar a perder los estribos; una camisa rota no debe servir como motivo de una tragedia griega improvisada.

Por el contrario, una desgracia puede ser un buen momento para enseñar valores. Cuando Diana, de ocho años, perdió la circonita de su anillo, empezó a llorar con verdadero desconsuelo. Su padre la miró y dijo clara y enérgicamente: «En nuestra casa las piedras no son importantes; lo importante son las personas y los sentimientos. Cualquiera puede perder una circonita, pero las piedras se pueden reemplazar. Tus sentimientos son lo que me importa. Te gusta mucho ese anillo. Espero que encuentres la piedra».

La crítica paterna es inútil. Crea enfado y resentimiento. Aún peor, los niños que son criticados regularmente aprenden a condenarse a sí mismos y también a los demás. Aprenden a dudar de su propio valor y a minimizar el valor de otros. Aprenden a sospechar de la gente y a esperar desastres personales.

José, de once años, prometió lavar el coche familiar y se olvidó de hacerlo. Hizo un intento de última hora, pero no lo terminó.

Padre: El coche necesita más trabajo, hijo, sobre todo en el techo y el lado izquierdo. ¿Cuándo puedes hacerlo?
José: Lo puedo hacer esta noche, papá.
Padre: Gracias.

En lugar de criticar, este padre *informó a su hijo sin menosprecio*, dándole pie a terminar el trabajo sin enfados. Imagínense cómo habría reaccionado José si su padre hubiera utilizado la crítica en un esfuerzo por educar a su hijo:

Padre: ¿Lavaste el coche?

José: Sí, papá.

Padre: ¿Estás seguro?

José: Estoy seguro.

Padre: ¿A eso le llamas lavar? Estuviste jugando, como siempre. Divertirte es lo único que quieres. ¿Piensas que puedes pasarte la vida así? Trabajando así no durarás ni un solo día en un trabajo. ¡Eres un irresponsable!

La madre de Bárbara (nueve años) tampoco supo cómo responder a su hija sin criticar. Un día, Bárbara llegó de la escuela, histérica, quejándose: «Hoy me ha pasado de todo; mis libros se cayeron en un charco; los chicos no paraban de meterse conmigo, y alguien me robó las bambas». Su madre, en lugar de compadecerse junto con su hija, la amonestó y la criticó: «¿Por qué todo te pasa a ti? ¿Por qué no puedes ser como los demás niños? ¿Qué ocurre contigo?». Bárbara empezó a llorar. ¿Qué podría haber ayudado a Bárbara a sentirse mejor? Un simple reconocimiento simpático de su día difícil: «Ay, cariño, ¡qué día más duro has tenido!».

LOS ADJETIVOS ABUSIVOS HACEN DAÑO A NUESTROS HIJOS

Los adjetivos abusivos, como las flechas venenosas, no deben utilizarse contra los niños. Cuando una persona dice «Esta silla es fea», a la silla no le pasa nada. No se siente ni ofendida ni avergonzada. Se queda tal cual sin reparar en el adjetivo que lleva puesto. Sin embargo, cuando a los niños se les llama feos, tontos o torpes, sí que les pasa algo. Reaccionan en el cuerpo y en el alma. Se desarrolla resentimiento, enfado y odio; surgen fantasías de venganza; pueden aparecer conductas indeseables y síntomas preocupantes. Los ataques verbales generan una cadena de reacciones que dejan a niños y padres por los suelos.

Cuando a un niño se le llama torpe, al principio puede replicar con «No, no soy torpe», pero la mayoría de las veces cree a sus padres, y llega a considerarse una persona torpe. Cuando tropieza o se cae, puede decir en voz alta: «¡Qué torpe soy!». Desde entonces, puede procurar evitar situaciones que requieran agilidad porque está convencido de que es demasiado torpe para tener éxito.

Cuando un niño oye repetidamente de sus padres o maestros que es tonto, llega a creerlo. Empieza a verse así. Entonces deja de hacer esfuerzos intelectuales, porque cree que si evita la lucha y la competencia, evitará exponerse al ridículo. Para seguir sintiéndose seguro, no se arriesgará. Su lema en la vida se convierte en: «Si no lo intento, no puedo fallar». Es asombroso cuántas veces los padres hacen comentarios negativos y degradantes, delante de sus hijos, sin comprender las consecuencias hirientes y destructivas de ello. Por ejemplo:

«Desde el momento en que nació ha sido un problema y lo sigue siendo ahora.»
«Es igual que su madre. Terca. Hace lo que quiere. No podemos hacer nada con ella.»
«No piensa en nada más que dame, dame. Nunca está satisfecha, no importa cuánto le des.»

«Esa monada de niño ocupa cada momento de mi día. Es completamente irresponsable. No le puedo quitar ojo.»

Desgraciadamente, los niños se toman estos comentarios en serio. Sobre todo los niños pequeños dependen de sus padres para saber quiénes son y lo que son capaces de llegar a ser. Para que los niños desarrollen un sentido valioso de sí mismos, necesitan oír, directa e indirectamente, comentarios principalmente positivos sobre ellos.

Es paradójico comprobar cómo a tantos padres les parece mucho más fácil señalar lo que está mal en sus hijos que lo que está bien. *Sin embargo, si queremos que nuestros hijos crezcan llenos de confianza y seguros de sí mismos, hemos de aprovechar toda oportunidad de enfatizar lo positivo y evitar comentarios denigrantes.*

LA COMUNICACIÓN CONGRUENTE: QUE LAS PALABRAS ENCAJEN CON LOS SENTIMIENTOS

Los niños pueden irritar y pueden enfurecer, pero nos esforzamos en ser pacientes y comprensivos. Inevitablemente nos quedamos sin fuerzas y explotamos, quizá por la habitación de un hijo: «¡No sirves ni para vivir en una pocilga!». Entonces, llenos de remordimientos, intentamos disculparnos: «No lo dije en serio. Sí que sirves para vivir en una pocilga».

Nos gustaría creer que la paciencia es una virtud. Pero ¿lo es? No, si exige que simulemos estar tranquilos cuando estamos nerviosos, que actuemos en contra de lo que sentimos, que nuestra conducta esconda nuestros verdaderos sentimientos en lugar de reflejarlos.

Hemos sido educados para no mostrar nuestras verdaderas emociones, y estamos orgullosos cuando, en medio de un gran alboroto, reaccionamos con tranquilidad. Algunos lo llaman paciencia.

Pero lo que los niños necesitan y agradecen de sus padres es una *respuesta congruente*. Quieren oír *las palabras que reflejan las percepciones reales de sus padres*.

No es infrecuente que incluso un niño pequeño se proteja del enfado paterno lanzando la más potente de todas las acusaciones: «No me quieres». «¡Pero claro que te quiero!», grita el padre en un tono tan enfadado que desmiente las palabras sin tranquilizar al niño. Los padres no sienten amor cuando están enfadados. Al recurrir al amor el niño ha puesto al padre a la defensiva, mientras hábilmente transforma en blanco al padre, en lugar de él.

Solo los padres que se dan permiso para no sentir amor cuando están enfadados pueden contestar a la acusación de un niño sin ponerse a la defensiva: «Este no es el momento de hablar del amor, pero sí es un buen momento para hablar sobre lo que me ha hecho enfadar».

Cuanto más enfadado está el padre, más consuelo necesita el niño. Pero expresar el amor en un tono enfadado no tranquiliza. No hace que el niño se sienta amado. Solo crea confusión porque lo que el niño oye no son palabras cariñosas, sino el enfado que contiene el tono áspero. Es mejor que los niños aprendan que el enfado no lleva al abandono. La pérdida de los sentimientos cariñosos es solo momentánea; reaparecerán en cuanto el enfado desaparezca.

MANEJAR NUESTRO PROPIO ENFADO

En nuestra propia infancia, no nos enseñaron cómo tratar el enfado como parte de la vida. Nos hicieron sentir culpables por experimentar enfado, y pecaminosos por expresarlo. Nos hicieron creer que estar enfadado es ser malo. El enfado no era un mero delito menor; era un crimen. Con nuestros propios hijos, intentamos ser pacientes; de hecho, pacientes hasta tal punto que tarde o temprano estallamos. Tenemos miedo de que nuestra ira pueda ser perjudicial para los hijos, así que nos contenemos, como un buceador aguanta la respiración. En ambos casos, sin embargo, la capacidad de aguantar es bastante limitada.

La ira, como el resfriado común, es un problema recurrente. Puede no gustarnos, pero no podemos ignorarla. Podemos conocerla íntimamente, pero no podemos evitar su aparición. El enfado surge en secuencias y situaciones predecibles, aunque siempre parece ser súbito e inesperado. Y, aunque puede que dure poco rato, en ese momento parece eterno.

Cuando perdemos los estribos, actuamos como si hubiéramos perdido el juicio. Decimos y hacemos a nuestros hijos cosas que dudaríamos mucho en infligir a un enemigo. Gritamos, insultamos y atacamos. Cuando la fanfarria ha terminado, nos sentimos culpables y nos prometemos solemnemente no repetirlo nunca más. Pero la ira inevitablemente arremete de nuevo, haciendo migas nuestras buenas intenciones. Una vez más atacamos a aquellos a cuyo bienestar hemos dedicado nuestra vida y fortuna.

Las resoluciones de no enfadarse son más que vanas y solo echan más leña al fuego. La ira, como un huracán, es un hecho de la vida que debe reconocerse y hay que estar preparado para enfrentarse a él. Una casa en paz, como el tan esperado mundo en paz, no depende de un súbito cambio benévolo en la naturaleza humana. Pero sí depende de unos *procedimientos deliberados que metódicamente reducen las tensiones antes de que éstas lleven a las explosiones.*

Los padres emocionalmente saludables no son santos. Son conscientes de su enfado y lo respetan. Lo utilizan como fuente de información, una indicación de su preocupación. *Sus palabras son congruentes respecto a sus sentimientos.* No esconden sus sentimientos. El episodio siguiente ilustra la manera en que una madre animó a la cooperación dando rienda suelta a su ira sin insultar o humillar a su hija.

Kati, de once años, llegó a casa gritando: «No puedo jugar a voley. ¡No tengo camiseta!». La madre podría haber ofrecido una solución aceptable a su hija: «Ponte la blusa». O, queriendo ser útil, podría haberla ayudado a buscar la camiseta. En cambio, decidió expresar sus verdaderas percepciones: «Estoy enfadada, muy enfadada. Te he comprado seis camisetas de voley y, o no están en su sitio, o se pierden. Tus camisetas tienen su sitio y ese sitio es el cajón de tu armario. Así, cuando las necesites, sabrás dónde encontrarlas».

La madre expresó su rabia sin insultar a su hija, como luego comentó: «No saqué los agravios del pasado ni volví a abrir viejas heridas. Ni tampoco la insulté. No le dije que era una irresponsable. Simplemente *le dije cómo me sentía y lo que se tenía que hacer en el futuro para evitar las desavenencias*».

Las palabras de su madre ayudaron a Kati a encontrar una solución: se fue corriendo a buscar las camisetas en casa de su amiga y en el vestuario del colegio.

Hay un lugar para el enfado paterno en la educación del niño.

De hecho, no enfadarse en ciertos momentos solo llevaría al niño a la indiferencia, no a la bondad. Aquellos que se preocupan de verdad no pueden evitar del todo el enfado. Eso no significa que los niños puedan resistir diluvios de furia y violencia; solo significa que pueden aguantar y entender el enfado que dice: «Mi tolerancia tiene límites».

Para los padres, el enfado es una emoción costosa; por lo tanto, no debe emplearse sin beneficio. La ira no debe usarse de forma que vaya en aumento. El remedio no debe ser peor que la enfermedad. *La rabia debe expresarse de modo que traiga un poco de alivio al padre, algo de perspicacia al niño, y ningún efecto secundario ni a uno ni a otro.* Así que no debemos reñir a los niños delante de sus amigos; solo hace que se porten peor, lo cual a su vez nos hace enfadar aún más. No nos interesa crear o perpetuar olas de enfado, desafío, represalia y venganza. Al contrario, queremos explicarnos bien y a la vez permitir que las nubes tormentosas se evaporen.

TRES PASOS PARA SOBREVIVIR

A fin de prepararnos en tiempos de paz para tratar con tiempos de tensión, debemos reconocer las verdades siguientes:

1. Aceptamos que a veces nos enfadaremos con los niños.
2. Tenemos derecho a nuestro enfado sin culpa ni vergüenza.
3. Siempre que no perjudiquemos a nadie, tenemos el derecho de expresar lo que sentimos. *Podemos expresar nuestro enfado siempre y cuando no ataquemos la personalidad o el carácter del niño.*

Estos supuestos deben aplicarse en procedimientos concretos para abordar el enfado. El primer paso en el trato de percepciones turbulentas es identificarlas claramente. Con ello se advierte a la persona correspondiente para que ofrezca un cambio de actitud satisfactorio o tome precauciones. Lo hacemos en primera persona: «Estoy molesto» o «Estoy fastidiada».

Si nuestras declaraciones cortas y caras largas no han mejorado la situación, procedemos al paso siguiente. Expresamos nuestro enfado con una creciente intensidad:

«Estoy enfadado.»
«Estoy muy enfadada.»

«Estoy muy, muy enfadado».
«Estoy furiosa.»

A veces la mera declaración de nuestros sentimientos (sin explicaciones) hace que el niño deje de portarse mal. En otras ocasiones puede ser necesario proceder al tercer paso: dar la razón de nuestro enfado, declarar nuestras reacciones internas y lo que *nos gustaría* hacer:

«Cuando veo los zapatos, calcetines, camisas y jerséis tirados por el suelo, me enfado, me pongo furioso, quisiera abrir la ventana y tirarlo todo en medio de la calle.»

«Me da rabia verte pegar a tu hermano. Me pone tan mala por dentro que me saca de quicio. Me indigna. No puedo permitir nunca que le hagas daño.»

«Cuando os veo levantaros corriendo de la mesa para mirar la tele, dejándome a mí con los platos sucios, ¡me siento indignada! ¡Me enfado, echo humo! ¡Tengo ganas de coger los platos y romperlos delante de la tele!»

«Cuando os llamo para cenar y no venís, eso me hace enfadar. Me pongo furioso. Me digo a mí mismo: "Yo preparé una buena cena y quiero algún reconocimiento, ¡no la indiferencia!".»

Este enfoque permite a los padres dar salida a su enfado sin hacer daño. Es más, puede dar una lección importante sobre cómo expresar el enfado sin peligro. El niño puede aprender que su propio enfado no es ninguna catástrofe, que lo puede descargar sin destrozar a nadie. Esta lección requiere no solo una expresión de ira por parte de los padres, sino que, al mismo tiempo, puede indicar a sus hijos las vías aceptables de expresión emocional y demostrarles maneras seguras y respetables de expresar el enfado.

Los esposos también aprecian el enfado sin insulto. Un padre relataba lo siguiente: «Una mañana al marcharme al trabajo, mi esposa me comentó que nuestro hijo de nueve años, Héctor, jugando con una pelota en el salón, había roto por segunda vez el cristal del antiguo reloj de pared. Me enfadé, olvidé todo lo que había aprendido, y espeté: "¡Evidentemente, no te importan nada nuestras cosas! Espérate a que llegue a casa esta tarde. ¡Te castigaré tan duramente que nunca más te atreverás a jugar con la pelota en el salón!". Mi esposa me acompañó a la puerta y, sin entender que las etiquetas negativas son tan destructivas y exasperantes tanto para los maridos como para los niños, me dijo: "Hombre, vaya manera más estúpida de hablarle a Héctor!". Puesto que amo a mi esposa, suprimí mi enfado y contesté: "Supongo que tienes razón". Al principio solo estaba enfadado con mi hijo, pero cuando mi esposa me llamó estúpido, también me enfadé con ella. Yo ya me sentía culpable por haber vuelto a mi vieja forma de hablar, no necesitaba que ella me lo refregara por las narices. Cuánto mejor hubiera sido que me dijera: "Da una rabia tremenda que el cristal se haya roto dos veces. Me pregunto cómo podemos ayudar a Héctor a evitarlo de ahora en adelante"».

El padre de Elisa tuvo más suerte. Su esposa supo cómo influir. Elisa, de siete años, y sus padres estaban en el coche cuando tuvo lugar la siguiente conversación:

Elisa: ¿Qué quiere decir pizza?
Padre: ¿Pizza? Es una palabra italiana para tarta.
Elisa: ¿Qué quiere decir farmacia?
Padre: Es una tienda para medicamentos.
Elisa: ¿Qué quiere decir banco?
Padre (molesto): Eso lo sabes. Es un lugar donde la gente guarda el dinero.
Elisa: ¿Cómo se convierte el día en noche?
Padre *(enfadado):* Caramba, haces muchas preguntas. Cuando el sol se pone, ya no hay luz.
Elisa: ¿Por qué se mueve la luna con el coche?
Madre: ¡Qué pregunta más interesante! ¿Sabes que esta pregunta ha intrigado a los científicos durante cientos de años, así que decidieron estudiar el movimiento de la luna?
Elisa (entusiasmada): Pues entonces yo voy a ser científica. Voy a ir a la biblioteca y encontrar un libro que me diga todo sobre la luna.

Las preguntas se detuvieron. Esta madre entendió que seguir contestando las preguntas de los niños solo les anima a hacer más preguntas. Pero ella resistió la tentación de señalar esto a su marido. En cambio, le demostró que al no darle una respuesta directa a su hija, la ayudaba a encontrar su propia forma de satisfacer su curiosidad.

La madre de Cristian había estado intentando disuadir a su marido de dar constantemente órdenes a sus hijos, y nos contó lo siguiente: una tarde, mientras ella y su marido estaban tomando un vino en la cocina de su casa en la playa, su marido vio encima de la mesa una bolsa playera, un traje de baño mojado y una pelota. Su respuesta habitual era enfadarse y gritar a los niños como un sargento: «¿Cuántas veces tengo que decir que guardéis las cosas? ¡Qué falta de consideración tenéis! ¿Pensáis que somos esclavos para ir recogiendo detrás de vosotros?».

Pero esta vez describió serenamente lo que veía: «Veo una bolsa de playa, un traje de baño mojado y una pelota de playa en la mesa de la cocina». Cristian, de ocho años, saltó del sillón en el salón y exclamó: «Ay, son míos», y entró en la cocina para recoger sus cosas.

Cuando Cristian se hubo ido, el padre dijo con alegría a la madre: «¡Me acordé, y funciona!».

«En lugar de decirle "Ya te lo dije", levanté la copa en un brindis a las palabras que invitan al niño a la cooperación.»

CÓMO RESPONDER A UN NIÑO ENFADADO: EL MÉTODO ES EL MENSAJE

Cuando los niños están alterados, no se les puede alcanzar con el razonamiento. Cuando están enfadados, solo responden al bálsamo emocional.

Dos hermanos de corta edad estaban jugando en el sótano. De repente se oyó un ruido de destrozo, seguido de gritos y acusaciones. Encendido de rabia, Guillermo, de seis años, subió corriendo y espetó: «Blanca ha tirado mi fortaleza». Su madre se compadeció: «Ay, pobre, esto debe de haberte disgustado un montón». «Pues claro.» Dio media vuelta y volvió abajo a seguir jugando.

Esta fue la primera vez que la madre conseguía no involucrarse en las riñas diarias de sus hijos. Al no hacer la pregunta fatídica «¿Quién ha empezado?», evitó el recitado habitual de agravios y demandas de venganza de su hijo. Al *reflejar el humor interno* del niño, lo que consiguió fue evitar el papel desagradable de convertirse en juez, fiscal y policía de sus hijos.

En la escena siguiente, el comentario comprensivo de una madre representó la diferencia entre la paz y la guerra. David, de nueve años, no quería ir al dentista. Su enfado molestaba a su hermana mayor, Tina, que le dijo: «Ay, David, ¡no seas niño!». David se puso aún más furioso y antipático. La madre se dirigió a Tina: «David está disgustado hoy. Está angustiado por la visita al dentista. En este momento necesita toda nuestra comprensión». Como por arte de magia, David se tranquilizó. Fue al dentista sin ninguna queja más. *Al responder a los sentimientos disgustados de David*, en lugar de a su conducta irritante, la madre le ayudó a sentirse más relajado y por consiguiente, menos molesto.

La escena siguiente compara dos maneras de ayudar a los pequeños a desactivar su enfado y tolerar la frustración. Una aumenta el enfado; la otra lo disminuye.

Tomás y su amigo Jaime, ambos de tres años, estaban jugando con unos xilófonos. Cuando una de las baquetas de Jaime se quedó atrancada, él se enfadó y empezó a llorar. Su madre le advirtió: «No es para tanto. No te lo arreglaré hasta que dejes de chillar». Jaime continuó llorando y su madre le quitó el juguete. La rabieta resultante fue de película.

Por el contrario, cuando una de las baquetas de Tomás se enganchó y él empezó a llorar, su madre le dijo: «Estás llorando porque la baqueta está atrancada. Tenemos que arreglarla». Tomás dejó de llorar. Ahora, siempre que la baqueta se atranca, Tomás ya no llora, la lleva a su madre para que se la arregle.

La madre de Jaime riñó, amenazó, culpó y castigó, mientras que la madre de Tomás *definió el problema y sugirió una solución.*

Miriam, de doce años, volvió del teatro contrariada y enfadada.

Madre: Se te ve descontenta.

Miriam: ¡Estoy furiosa! Tuve que sentarme tan atrás que no pude ver nada de la obra.

Madre: No me extraña que estés disgustada. Es muy poco divertido cuando te tienes que sentar tan atrás.

Miriam: Ya lo creo. Además, tenía un tipo alto sentado delante.

Madre: ¡Para colmo de males! Detrás de todo ¡y detrás de una persona alta! ¡Eso es demasiado!

Miriam: Pues sí.

El ingrediente útil en la respuesta de la madre fue su aceptación del estado de ánimo de Miriam sin críticas ni consejos. No le hizo preguntas inútiles, como «¿Por qué no fuiste antes para coger mejor sitio?» o «¿No podías pedirle al hombre alto que cambiara de asiento contigo?». Por el contrario, se centró en ayudar a su hija a disminuir el enfado.

Una respuesta empática, que refleja el disgusto de los niños y expresa la comprensión de los padres, es eficaz para cambiar el humor de los niños.

La palabra escrita puede ser una herramienta poderosa para restaurar las heridas emocionales que son el resultado de los accesos de cólera. Tanto hijos como padres necesitan un estímulo para expresar sus sentimientos por escrito, ya sea por correo electrónico o por carta.

Un atardecer, Trudy, de trece años, lanzó insultos a su madre, acusándola de haber entrado en su habitación, abrir su escritorio y leer su diario. Sin embargo, cuando se dio cuenta de que sus sospechas eran infundadas, Trudy decidió disculparse: lo hizo por escrito:

Querida mamá: acabo de cometer el peor crimen que una persona honrada pueda cometer. Hice sufrir a mi madre y la disgusté con mi imputación. Estoy avergonzada y humillada. Antes, me encontraba bien conmigo misma, pero ahora me odio. Te quiero, Trudy.

La madre estaba disgustada hasta que la nota le hizo comprender que el incidente había dañado la autoimagen de Trudy. Se tomó su tiempo para componer una carta que restaurara el amor propio de Trudy.

Queridísima Trudy: gracias por compartir tu preocupación y disgusto conmigo. Lo que pasó la otra tarde fue difícil para las dos, pero no fue una tragedia. Lo que siento por ti de ninguna manera ha cambiado. Te veo como la persona cariñosa que eres, que a veces se disgusta y se enfada. Espero que encontrarás la manera de perdonarte y de recuperar tu buena opinión de ti misma. Te quiero mucho, mamá.

La madre consiguió tranquilizar a su hija al hacerle entender que *el enfado no tiene por qué alterar los sentimientos cariñosos hacia uno mismo o hacia los demás.*

A menudo, después de enfadarse con sus padres por no escuchar su argumento, los niños presentarán su caso por escrito. Un padre relató lo siguiente. En su casa los niños reciben certificados que pueden canjear por tiempo extra por la noche antes de acostarse. Una noche, Pedro, de diez años, quería cobrar un poco de tiempo con un certificado que había perdido. Su padre se negó a aceptar un certificado inexistente. Pedro se sintió frustrado y enfadado, y salió corriendo, gritando: «¡Pero tú me lo diste!». Cuando el padre fue a su habitación aquella noche encontró esta carta:

Querido papá: si no me dejas quedarme despierto más rato, no estás siendo justo porque 1) los dos sabemos que me diste el certificado, 2) tú sabes cómo está mi mesa y que pierdo las cosas, 3) sabes cuánto me apetecía usar el certificado. No quiero ser odioso al escribir esto, simplemente estoy diciendo lo que pienso. Besos, Pedro.

Cuando el padre leyó la nota, comprendió que Pedro le estaba mostrando una forma de reparar el rencor entre los dos. También le dio una oportunidad de probar un principio importante en la educación infantil. *Siempre que pueda, refuerce la autoestima del niño.* Escribió la siguiente nota:

> *Querido hijo: ¡vaya claridad de pensamiento! ¡Qué argumentos más persuasivos! Mientras leía, tenía que recordar que fue escrita por un joven de solo diez años. Te envío adjunto un certificado de respuesta. Con cariño, papá.*

RESUMEN

Las palabras tienen el poder de construir y dar energía o de asustar y destrozar. Cuando apreciamos los esfuerzos de los niños, les ayudamos a crecer en esperanza y confianza. Cuando los evaluamos, activamos la ansiedad y la resistencia. Es evidente que las etiquetas negativas («perezoso», «tonto», «malo») son dañinas para los niños; lo que sorprende es que las etiquetas positivas («bueno», «perfecto», «el mejor») pueden tener efectos negativos.

Es importante que seamos positivos y halagüeños con los niños. Reconozcamos el esfuerzo y expresemos agradecimiento («Trabajaste mucho en eso», «Gracias por tu ayuda»), pero no etiquetemos ni evaluemos al niño.

Cuando haya problemas, busquemos soluciones en lugar de culpar o criticar. Aun el enfado inevitable puede ser expresado sin etiquetar o culpar. Detrás de todos estos recursos de comunicación afectuosa hay un respeto profundo por los niños.

CAPÍTULO 3

MODELOS CONTRAPRODUCENTES: NO EXISTE UNA FORMA CORRECTA DE HACER ALGO MAL

Ciertos modelos de relación con los niños son casi siempre contraproducentes; no sólo impiden que alcancemos nuestras metas a largo plazo, sino que a menudo causan estragos en casa en el presente. Los modelos contraproducentes consisten en amenazas, sobornos, promesas, sarcasmo, exceso verbal, sermones sobre mentir y robar, y lecciones groseras de cortesía.

LA AMENAZA: INVITACIÓN A LA MALA CONDUCTA

Para los niños, las amenazas son invitaciones a repetir un acto prohibido. Cuando se le dice a un niño «Haz eso otra vez y verás», no oye las palabras «y verás», sólo oye «Haz eso otra vez». A veces lo interpreta como: «Mamá espera que lo haga otra vez, si no, estará decepcionada». Tales advertencias –por muy válidas que puedan parecerle a un adulto– son más que inútiles. Aseguran que un acto odioso se repetirá. *Una advertencia sirve como desafío a la autonomía del niño.* Si tiene algo de amor propio, debe cometer la transgresión de nuevo, para demostrarse a sí mismo y a los demás que no tiene miedo de responder a un reto.

Óscar, de cinco años, jugaba tirando una pelota a la ventana del salón a pesar de las muchas advertencias. Finalmente su padre dijo: «Si la pelota toca una vez más la ventana, te daré una tremenda paliza. Te lo prometo». Un minuto más tarde, el ruido de cristal roto advirtió al padre que su amenaza no había surtido ningún efecto: la pelota había dado a la ventana por última vez. La escena posterior a esta secuencia de amenazas, promesas y mal comportamiento puede imaginarse fácilmente. En contraste, lo que sigue es una ilustración de manejo eficaz de mal comportamiento, sin acudir a las amenazas.

Pedro, de siete años, disparó con la pistola de juguete de aire comprimido a su hermano. Su madre dijo: «Al bebé no. Apunta al blanco». Pedro disparó de nuevo al bebé. Su madre le quitó la pistola y le dijo: «No se dispara a las personas».

La madre hizo lo que ella pensaba que tenía que hacer para proteger al bebé y al mismo tiempo mantener sus estándares de conducta aceptable, y Pedro aprendió las consecuencias de sus actos sin ningún daño para su ego. Las alternativas implícitas eran evidentes: o disparar al blanco o perder el privilegio de tener el juguete. En esa situación, la madre evitó las trampas habituales. No emprendió el típico y tan previsible sendero al fracaso: «¡Déjalo ya, Pedro! ¿Acaso no sabes que no puedes disparar a tu hermano? ¿No tienes un blanco que sirve para eso? Si lo vuelves a hacer, ¿me oyes?, una sola vez más, ¡no volverás a ver la pistola, nunca más!». A menos que el niño sea muy dócil, su respuesta a este tipo de advertencia será una repetición de lo prohibido. No hace falta describir la escena siguiente; puede reconstruirla fácilmente cualquier padre.

LOS SOBORNOS: REPENSAR LA ARGUCIA DE «SI... ENTONCES»

Igualmente contraproducente es el método de decir explícitamente a un niño que si hace (o no hace) algo, entonces tendrá un premio:

«Si tratas bien a tu hermanito, entonces te llevaré al cine».
«Si dejas de hacerte pipí en la cama, entonces te regalaré una bicicleta para tu cumpleaños.»
«Si te aprendes el poema, entonces te llevaré a navegar.»

Este acercamiento «Si... entonces» de vez en cuando puede animar al niño hacia una meta inmediata, pero raramente, por no decir nunca, le inspira a hacer un esfuerzo continuo. Las palabras mismas le indican que dudamos de su capacidad de cambiar para bien. «Si te aprendes el poema» significa que «no estamos seguros de que puedas». «Si dejas de hacerte pipí» significa que «creemos que puedes controlarte pero no lo haces».

Hay también objeciones morales a los premios que se usan para sobornar. Algunos niños se portan mal intencionadamente para conseguir que sus padres les premien por portarse bien. Tal razonamiento pronto puede llevar al regateo y al chantaje, y a unas demandas crecientes de premios y ventajas adicionales a cambio de una «buena conducta». Algunos padres han sido tan condicionados por sus hijos que no se atreven a volver a casa sin comprar un regalo. No son recibidos por los niños con «Hola, mamá o papá», sino con «¿Qué me has traído?».

Los premios son más útiles y más agradables cuando no son anunciados por adelantado, cuando son una sorpresa, cuando representan reconocimiento y agradecimiento.

LAS PROMESAS: POR QUÉ LAS EXPECTATIVAS POCO REALISTAS CAUSAN PROBLEMAS PARA TODOS

Las promesas no deben ni hacerse, ni exigirse a los niños. ¿Por qué tal tabú sobre las promesas? Las relaciones con nuestros hijos deben basarse en la confianza. *Cuando los padres tienen que hacer promesas para enfatizar que lo que dicen lo dicen en serio, entonces es como admitir que su palabra «sin promesa» no es fidedigna.* Las promesas crean expectativas poco realistas en los niños. Cuando a una niña se le promete una visita al zoo, da por sentado que hará buen tiempo, que el coche tendrá gasolina y que ella no estará enferma. Sin embargo, puesto que la vida no carece de imprevistos, los niños llegan a sentirse traicionados y a convencerse de que no se puede confiar en los padres. La queja implacable: «¡Pero me lo prometiste!» resulta penosamente familiar a los padres que tardíamente se arrepienten de haber hecho la promesa en cuestión.

A los niños no debe pedírseles ni exigírseles promesas acerca de una buena conducta futura o el cese de una mala conducta pasada. Cuando un niño hace una promesa que en realidad no sale de él, gira un talón de un banco donde no tiene cuenta. No deberíamos animar tales prácticas fraudulentas.

EL SARCASMO: UNA BARRERA DEL SONIDO PARA EL APRENDIZAJE

Un padre locuaz con talento para el sarcasmo constituye un serio riesgo para la salud mental y construye una barrera del sonido para la comunicación eficaz:

«¿Cuántas veces debo repetir lo mismo? ¿Estás sordo? Entonces ¿por qué no escuchas?»

«¡Qué maleducado! ¿Te criaste en la selva? Es donde deberías estar, ¿sabes?»

«Pero ¿qué pasa contigo? ¿Estás loco o simplemente eres tonto? ¡A saber dónde acabarás!»

Tal padre puede que ni siquiera sea consciente de que estos comentarios son ataques que invitan al contraataque, que comentarios como estos bloquean la comunicación porque despiertan en los niños la preocupación por las fantasías de venganza. *El sarcasmo amargo y los tópicos mordaces no tienen ningún lugar en la educación del niño.* Lo mejor es evitar declaraciones como: «¿Qué te hace pensar que tienes todas las respuestas? Ni siquiera sabes hacer la O con un canuto. ¡Te crees muy listo!». A sabiendas o inconscientemente, no debemos reba-

jar el estatus del niño a sus propios ojos ni a los de
sus coetáneos.

LA AUTORIDAD PIDE BREVEDAD:
CUANDO MENOS ES MÁS

Que te digan «Hablas como un padre» no es ningún cumplido, porque los padres tienen la fama de
repetirse y exagerar lo obvio, y cuando lo hacen,
los niños dejan de escuchar con un grito callado:
«¡Ya vale!».

Todos los padres necesitan aprender métodos
económicos para dar respuesta a los niños, para que
las desgracias menores no se conviertan en catás-
trofes mayores. La anécdota siguiente ilustra el
triunfo de un comentario breve sobre una explicación larga.

Cuando la madre de Álvaro estaba despidien-
do a unos amigos en la entrada, Álvaro, de ocho
años, vino corriendo con una larga y llorosa queja
contra su hermano mayor: «Siempre que tengo un
amigo en casa, Teo encuentra una excusa para fas-
tidiarnos. Nunca nos deja en paz. Tienes que
pararlo».

Antes, la madre habría gritado a Teo: «¿Cuántas veces tengo que decirte que dejes en paz a tu
hermano? Te aseguro que si no lo haces, no saldrás
en un mes».

Esta vez le miró y dijo: «Teo, escoge tú. Puedes
tener la bronca de siempre o resolver el problema
tú mismo». Teo se rió y contestó: «Vale, mamá, les
dejaré tranquilos».

El diálogo siguiente muestra cómo una breve
respuesta comprensiva evitó una discusión fútil.

Ruth (de ocho años): Mamá, ¿sabías que la ESO es la escuela de los amores?
Madre: ¿Ah?
Ruth: Sí, los chicos y las chicas hacen muchas fiestas.
Madre: Así que, ¿tienes ganas de estar en la ESO?
Ruth: ¡Claro!

La madre contó que, antes, habría sermoneado a su hija sobre perder el tiempo; que el colegio es para aprender, no para amores; y que era demasiado joven para pensar en cosas semejantes. Las consecuencias habrían sido largas discusiones y mal humor. En cambio, esta vez reconoció el deseo de su hija.

A menudo, una gota de humor vale más que una lluvia de palabras. Rafa, de doce años, vio a su madre descargar la fruta fresca que normalmente dejaba en el mármol de la cocina. Con una sonrisa irónica, le dijo: «Por una vez, haz algo bien hecho, mamá, y pon la fruta en el frigorífico».

«Hice algo bien hecho, una vez: te tuve a ti –contestó la madre–. Ahora ayúdame a poner la fruta en el frigorífico.» Rafa soltó una risita y empezó a ayudar.

Qué fácil habría sido para la madre empezar una guerra de palabras: «¿Cómo que 'Haz algo bien hecho'? ¿Quién crees que eres para hablar así a tu madre?». En lugar de eso expresó su autoridad con *humor y brevedad.*

Un padre relató cómo le encantó oír a su hija usar el humor para disminuir la frustración y la rabia. Una nochevieja él y Marina, de ocho años, intentaban montar un árbol artificial. No era fácil conseguir que todas las ramas encajaran, y el padre empezó a perder la paciencia. Por fin el árbol estaba listo para decorar, pero en cuanto empezó a colgar una estrella en una rama, el árbol se vino abajo. El padre se puso furioso, gritando: «¡Estoy harto!». Marina fue hacia él, le abrazó y dijo: «Papá, ahora mismo debes estar pensando que hubiera sido mejor ser judío».

La autoridad requiere brevedad y silencio selectivo
El siguiente incidente ilustra el poder de la autoridad silenciosa. Santi, de siete años, se había hecho daño en la pierna, pero eso no le impidió ir a una fiesta aquella noche. Al día siguiente dijo: «No puedo ir al colegio. Me duele la pierna». Su madre estaba tentada de contestar: «Si puedes ir a una fiesta, puedes ir al colegio». Pero no dijo nada. El silencio pesaba. Después de unos minutos Santi preguntó: «¿Crees que debo ir?». Su madre contestó: «Te estás preguntando qué hacer». Santi dijo: «Sí», y se dio prisa para vestirse.

El silencio de la madre ayudó a Santi a tomar su propia decisión. Por su propia cuenta llegó a la conclusión de que una pierna que está en condiciones de ir a una fiesta también está en condiciones de ir al colegio. Si su madre se lo hubiera señalado, él hubiera discutido y ambos se habrían disgustado.

Otra madre, como recordaba que *menos es más* con los niños, impidió que su hija propagara su mal humor al resto de la familia.

Diana, de doce años, es vegetariana. Una noche, en cuanto se sentó a cenar, empezó a quejarse: «Estoy muerta de hambre. A ver mamá, ¿dónde está la cena?».

Madre: Vaya, debes de tener mucha hambre.
Diana: Ay, berenjena. No me apetece.
Madre: Estás decepcionada.
Diana: Le falta queso.
Madre: Te gustaría más queso en la berenjena.
Diana: Bueno, no está mal, pero normalmente lo haces mejor.

En lugar de contestar, quejándose a su vez, con: «Sabes perfectamente que tengo que preparar comida especial para ti. Lo mínimo que puedes hacer es agradecérmelo», la madre reflejó las percepciones de Diana, y así evitó, sin dunda alguna, una discusión.

UNA POLÍTICA SOBRE LA MENTIRA: CÓMO APRENDER A NO ESTIMULARLA

A los padres les enfurece que los niños mientan, sobre todo cuando la mentira es obvia y el mentiroso inepto. Es exasperante oír a un niño insistir en que no tocó la pintura o no se comió el chocolate cuando la prueba se ve clarísimamente en su camisa o en su cara.

Las mentiras provocadas. Los padres no deben hacer preguntas que tiendan a provocar mentiras defensivas. Los niños se molestan al ser interrogados por un padre, sobre todo cuando sospechan que ya se sabe la respuesta. Odian las preguntas trampa, preguntas que les fuerzan a escoger entre una mentira torpe y una confesión embarazosa.

Quique, de siete años, rompió un camión nuevo que le había regalado su padre. Se asustó y escondió los pedazos en el sótano. Cuando su padre encontró los restos del camión, lanzó una serie de preguntas inquisitivas que desataron una situación tensa.

Padre: ¿Dónde está tu camión nuevo?
Quique: En alguna parte.
Padre: No te he visto jugar con él.
Quique: No sé dónde está.
Padre: Encuéntralo. Lo quiero ver.
Quique: Quizá alguien robó el camión.
Padre: ¡Eres un mentiroso! ¡Rompiste el camión! No creas que esto va quedar así. ¡Si hay algo que no soporto es un mentiroso!

Esta fue una batalla innecesaria. En lugar de jugar furtivamente a detective y fiscal, y etiquetar a su hijo como mentiroso, el padre habría ayudado más a su hijo diciéndole: «Veo que tu camión nuevo está roto. No duró mucho tiempo. Qué pena. Te gustaba mucho jugar con él».

El niño podría haber aprendido varias lecciones valiosas: papá entiende. Puedo contarle mis penas. Debo tratar mejor sus regalos. Tengo que tener más cuidado.

Así que no es buena idea hacer preguntas cuyas respuestas ya conocemos. Por ejemplo: «¿Recogiste la habitación como te pedí?» mientras estamos mirando una habitación desordenada, o «¿Fuiste al colegio hoy?» después de ser informados de que no ha ido. Es preferible una declaración: «Veo que la habitación todavía no está recogida» o «Nos han dicho que hiciste novillos hoy».

¿Por qué mienten los niños? *A veces mienten porque no se les permite decir la verdad.*

Guille, de cuatro años, entró en la sala como un huracán, enfadado, y se quejó a su madre: «¡Odio a la abuelita!». La madre, horrorizada, contestó: «No es verdad. ¡Quieres a la abuelita! En esta casa no odiamos. Además, ella te hace regalos y te lleva a muchos sitios. ¿Cómo puedes decir una cosa semejante?».

Pero Guille insistió: «No, la odio, la odio. No quiero verla nunca más». Su madre, muy disgustada ahora, decidió emplear un método educativo más drástico. Le dio un manotazo.

Guille, no queriendo que le castigaran más, cambió de parecer: «Quiero mucho a la abuelita, mamá», dijo. ¿Cómo respondió mamá? Le abrazó, le besó y le alabó por ser un buen muchacho.

¿Qué aprendió el pequeño Guille de este intercambio? Es peligroso decir la verdad, compartir tus verdaderos sentimientos con tu madre. Cuando eres veraz, te castigan; cuando mientes, te acarician. La verdad duele. Apártate de ella. Mamá ama a los pequeños mentirosos. A mamá sólo le gusta oír verdades agradables. Dile solo lo que ella quiere oír, no lo que realmente sientes.

¿Qué podría haber contestado la madre si quería enseñar a Guille a decir la verdad?

Habría *reconocido* su disgusto: «Ay, ya no quieres a la abuela. ¿Te gustaría decirme lo que hizo para enfadarte tanto?». Él puede haber contestado: «Trajo un regalo para el bebé, y para mí, nada».

Si queremos inculcar honestidad, entonces debemos prepararnos para escuchar tanto las verdades amargas como las verdades agradables. Si los niños van a crecer y a ser educados en la honradez, no deben ser animados a mentir sobre sus sentimientos, ya sean positivos, negativos o ambivalentes. De nuestras reacciones a sus sentimientos expresados los niños aprenden si lo mejor es ser sincero o no.

Mentiras que dicen verdades. Cuando son castigados por decir la verdad, los niños mienten en defensa propia. También mienten para concederse en la fantasía lo que les falta en la realidad. Las mentiras dicen verdades sobre temores y esperanzas. Revelan lo que a uno le gustaría ser o hacer. Para un oído experto, las mentiras revelan lo que pretenden ocultar. *Una reacción madura a una mentira debe reflejar entendimiento de su significado,* en lugar de rechazo de su contenido o condena de su autor. *La información sacada de la mentira puede emplearse para ayudar al niño a distinguir entre la realidad y las ilusiones.*

Cuando Carmina, de tres años, explicó a su abuela que había recibido un elefante vivo por Navidad, la abuela reflejó su anhelo en lugar de intentar demostrar a su nieta que era una mentirosa. Le contestó: «Te haría ilusión. ¡Te gustaría tener un elefante! ¡Te gustaría tener tu propio zoo! ¡Te gustaría tener toda una selva llena de animales!».

Roberto, de tres años, le dijo a su padre que había visto un hombre tan alto como el edificio Empire State. En lugar de contestar «Qué locura. Nadie es tan alto. No digas mentiras», este padre aprovechó la oportunidad para enseñar a su hijo algunas nuevas palabras mientras *reconocía su percepción en lugar de negarla:* «Ah, ¡debes de haber visto un hombre muy grande, un hombre gigantesco, un hombre enorme, un hombre inmenso!».

Mientras jugaba en la arena, haciendo un camino, Gregorio, de cuatro años, de repente miró a su madre, gritando: «Mi camino se está destrozando por una tormenta. ¿Qué hago?». «¿Qué tormenta? –preguntó la madre en un tono fastidiado–. No veo ninguna tormenta. No digas tonterías.»

La tormenta en la arena que la madre ignoró estalló en la vida real. Gregorio tuvo una rabieta como un huracán. Esta tempestad podría haberse evitado si la madre hubiera reconocido la percepción del niño entrando en su mundo imaginario y preguntando: «¿Una tormenta se está llevando el camino que tanto te costó construir? Vaya..». Entonces, mirando al cielo, podría agregar: «Por favor, paren de diluviar allá arriba. Se está llevando por delante el camino de mi hijo».

TRATAR CON LA FALSEDAD: UN POCO DE PREVENCIÓN VALE MÁS QUE UN MONTÓN DE INVESTIGACIÓN

Nuestra política sobre la mentira está clara: por un lado, no debemos hacer de fiscal o pedir confesiones o convertir un acceso de imaginación en un caso criminal. Por otro lado, no debemos dudar en llamar al pan pan y al vino vino. Cuando encontramos que ha vencido el plazo de préstamo de un libro de la biblioteca pública, en lugar de *preguntar:* «¿Has devuelto el libro a la biblioteca? ¿Estás seguro? ¿Cómo es que todavía está en tu escritorio?», debemos *afirmar:* «Veo que ha vencido el plazo de tu libro».

Cuando la escuela nos informa de que nuestro hijo ha suspendido una prueba de matemáticas, no debemos preguntar: «¿Aprobaste la prueba de matemáticas?... ¿Estás seguro?... Bien, ¡mentir no te sacará de apuros esta vez! Hemos hablado con tu profesor y sabemos que suspendiste escandalosamente».

En vez de eso, digamos directamente a nuestro hijo: «El profesor de matemáticas nos ha dicho que suspendiste la prueba. Estamos preocupados y queremos saber cómo podemos ayudarte».

En pocas palabras, no provocamos al niño para que recurra a la mentira defensiva, ni tampoco proporcionamos intencionadamente oportunidades para mentir. Cuando un niño miente, nuestra reacción no debe ser histérica y moralizadora, sino objetiva y realista. *Queremos que nuestros hijos aprendan que no hace falta mentirnos.*

Otra manera en que los padres pueden evitar que los niños mientan es evitando la pregunta «¿por qué?». Hubo un tiempo en que «¿por qué?» era un término interrogativo. Este significado desapareció hace mucho. *Fue adulterado por el mal uso de «¿por qué?» como forma de crítica.* Para los niños, «¿por qué?» representa desaprobación, decepción y disgusto paternos. Suscita ecos de reproche del pasado. Un simple «¿Por qué hiciste eso?» puede sugerir «¿Por qué hiciste semejante tontería?».

Un padre prudente evita las preguntas dañinas:

«¿Por qué eres tan egoísta?»
«¿Por qué te olvidas de todo lo que te digo?»
«¿Por qué nunca puedes ser puntual?»
«¿Por qué eres tan desorganizado?»
«¿Por qué no puedes callarte?»

En lugar de hacer preguntas retóricas que no pueden responderse, hagamos declaraciones que muestren comprensión:

«Juan estaría contento si pudierais compartir.»
«Algunas cosas son difíciles de recordar.»
«Me preocupo cuando llegas tarde.»
«¿Qué puedes hacer para organizar tu trabajo?»
«Tienes muchas ideas.»

ROBAR: APRENDER LAS LECCIONES DE PROPIEDAD REQUIERE TIEMPO Y PACIENCIA

No es infrecuente que los niños pequeños se lleven a casa cosas que no les pertenecen. Cuando se descubre el «robo», es importante evitar los sermones y el dramatismo. El niño puede ser guiado al camino recto con dignidad. Serena y firmemente se le dice: «Este juguete no es tuyo. Hay que devolverlo». O «Sé que te gustaría quedarte eso, pero Jaime quiere que se lo devuelvas».

Cuando un niño «roba» caramelos y los pone en su bolsillo, es mejor confrontarle, tranquilamente: «Te gustaría quedarte los caramelos que tienes en el bolsillo izquierdo, pero hay que devolverlos al mostrador». Si el niño niega tener los caramelos, señalamos con el dedo y repetimos: «Estoy esperando que pongas los caramelos en su sitio». Si se niega, los sacamos de su bolsillo, diciendo: «Pertenecen a la tienda. Tienen que quedarse aquí».

La pregunta equivocada y la declaración correcta. Cuando usted está *seguro* de que su hijo ha cogido dinero de su cartera, es mejor no preguntar, sino decir: «Cogiste un euro de mi cartera. Quiero que lo devuelvas». Cuando el dinero sea devuelto, al niño se le dice: «Cuando necesites dinero, pídemelo y lo hablaremos». Si el niño niega haberlo cogido, no discuta con él ni le ruegue que lo confiese; dígale: «Sabes que lo sé. Tienes que devolverlo». Si el dinero ya se ha gastado, la discusión debe centrarse en maneras de reembolsarlo, mediante tareas domésticas o por reducción de la paga semanal.

Es importante evitar llamar al niño ladrón y mentiroso, o pronosticar un final infeliz. No es positivo preguntarle al niño: «¿Por qué lo hiciste?». El niño puede no saber la motivación, y presionarle a decir «por qué» sólo puede producir otra mentira. Es más útil señalar que usted espera que ella o él discuta con usted la necesidad de dinero: «Me decepciona que no me dijeras que necesitabas un euro» o «Cuando necesites dinero, ven a decírmelo, y buscaremos alguna solución».

Si su hijo ha comido galletas prohibidas y tiene un bigote de azúcar en la cara, no haga preguntas como: «¿Alguien ha cogido galletas?» o «¿Por casualidad viste quién las cogió? ¿Comiste una? ¿Estás seguro?». Preguntas como estas normalmente empujan al niño a decir mentiras, para colmo de nuestros males. La regla es: *cuando sabemos la respuesta, no hagamos la pregunta.* Es mejor declarar abiertamente, por ejemplo: «Comiste galletas cuando te dije que no». Esta frase constituye el castigo adecuado y deseable. Deja incómodo al niño, y le impone la responsabilidad de hacer algo sobre su mala conducta.

ENSEÑAR LA CORTESÍA SIN SER GROSERO: MANERAS DE CULTIVAR LOS MODALES

Los modelos privados y los modales públicos. La cortesía es tanto un rasgo del carácter como una habilidad social; se adquiere a través de la identificación con los padres que son corteses ellos mismos y su imitación. Bajo todas las condiciones, la cortesía debe enseñarse con educación, pero los padres frecuentemente no la enseñan de forma correcta.

Cuando un niño olvida decir «Gracias», los padres lo señalan delante de otras personas, lo cual es de mala educación, y desagradable para el niño. Los padres se apresuran a recordarle al hijo que debe decir «adiós» incluso antes de que ellos mismos se hayan despedido.

Roberto, de seis años, acaba de recibir un regalo. Lleno de curiosidad, aprieta la caja para averiguar lo que contiene, mientras su madre le observa, inquieta y nerviosa.

Madre: ¡Roberto, para! ¡Estás estropeando el regalo! ¿Qué se dice cuando te dan un regalo?
Roberto (enfadado): ¡Gracias!
Madre: Así me gusta.

La madre podría haberle enseñado esta pequeña cortesía con menos grosería y más eficacia, diciendo por ejemplo: «Gracias, tía Patricia, por este regalo tan bonito». Es concebible que Roberto la siguiera con su propio «Gracias» y si no lo hubiera hecho, su madre podría haber tratado las conveniencias sociales más tarde, cuando estuvieran solos. Ella podría decir: «Tía Patricia fue muy simpática por pensar en ti y hacerte un regalo. Vamos a escribirle una nota de agradecimiento. Se alegrará de que hayamos pensado en ella». Aunque más complicado que una reprimenda directa, este enfoque es más eficaz. *Las sutilezas del arte de vivir no pueden transmitirse a mazazos.*

Cuando los niños interrumpen la conversación adulta, los adultos normalmente reaccionan con enojo: «No seas maleducado. Es de muy mala educación interrumpir». Sin embargo, interrumpir al interruptor también es de mala educación. Los padres no deben ser bruscos en el proceso de insistir en la cortesía del niño. Quizá sería mejor decir: «Me gustaría terminar lo que estoy diciendo».

No sirve de nada decirles a los niños que son maleducados. Al contrario de lo que se pretende, eso no los dirige hacia la cortesía. El peligro es que los niños acepten nuestra evaluación y que esta forme parte de su autoimagen. Una vez que piensen en sí mismos como groseros, seguirán actuando de acuerdo con esta imagen. Es natural que los niños maleducados se comporten groseramente.

Las imputaciones mordaces y las profecías pesimistas no ayudan a los niños. Se consiguen mejores resultados cuando los adultos usan declaraciones simples y corteses. Las visitas a amigos o parientes ofrecen oportunidades para demostrar la cortesía a los niños. Hacer una visita debe ser divertido para el padre y el niño. Esto puede lograrse más fácilmente cuando la carga de responsabilidad sobre la conducta del niño se deja a este y a su anfitrión.

Los niños aprenden que somos reacios a regañarles en casa de otros. Aprovechando la situación, escogen estos sitios para portarse mal. Esta estrategia puede neutralizarse mejor permitiendo que los anfitriones pongan las normas en su propia casa y lleven a cabo su aplicación. Cuando un niño salta en el sofá en casa de tía María, permítanle a ella decidir si el sofá es para saltar o no y déjenla imponer los límites. Es más probable que un niño obedezca cuando las restricciones son impuestas por los demás. La madre, relevada de su obligación disciplinaria, puede ayudar al niño expresando su comprensión de los deseos y sentimientos de este: «Cómo te gustaría que tía María te dejara saltar en el sofá. Te encanta hacerlo, pero estamos en casa de tía María y nosotros tenemos que respetar sus deseos». Si el niño replica: «Pero tú me dejas saltar en nuestro sofá», podemos responder con: «Estas son las normas de tía María; nosotros tenemos normas diferentes en casa».

Esta política solo puede llevarse a cabo cuando hay acuerdo entre el anfitrión y el invitado acerca de sus respectivas áreas de responsabilidad. Al llegar a casa de tía María, el padre de Lucía puede decir: «Esta es tu casa. Solo tú sabes lo que se permite o no hacer aquí. Por favor, avisa a mis hijos con toda libertad cuando no te guste lo que están haciendo». Los anfitriones tienen el derecho y la responsabilidad de exigir la conformidad con las normas de su casa. Es responsabilidad del padre visitante abandonar temporalmente su papel disciplinario. Por la vía de la no-intervención apropiada, el padre ayuda al niño a percibir la realidad de la situación.

RESUMEN

Todo padre ha quedado perplejo, preguntándose cómo tratar con la mentira, el robo y el conjunto de fechorías que se prolongan a lo largo de los años de crecimiento. Las amenazas, los sobornos, las promesas, el sarcasmo y la grosería no son la respuesta correcta. La solución más eficaz es formular declaraciones claras que expresen nuestros valores. No hagamos preguntas cuyas respuestas ya conozcamos, y, aún más importante, tratemos a nuestros hijos con el respeto que esperamos de ellos. Estas formas afectuosas, pero serias, de tratar con la mala conducta del niño también sirven para fortalecer la relación afectiva entre padres e hijos.

CAPÍTULO 4

LA RESPONSABILIDAD: TRANSMITIR VALORES EN LUGAR DE EXIGIR CONFORMIDAD

Los padres de todo el mundo buscan maneras de inculcar la responsabilidad en sus hijos. En muchos hogares se supone que las tareas diarias proporcionan la solución a este problema. Sacar la basura, preparar comidas, poner la mesa y lavar los platos se consideran quehaceres eficaces para introducir la responsabilidad en los niños. En realidad, tales tareas, aunque sean importantes para el buen funcionamiento de la casa, pueden no tener un efecto positivo en cuanto a crear un sentido de responsabilidad. Todo lo contrario: en algunas casas las labores diarias provocan batallas diarias que producen angustia y rabia a hijos y padres. La insistencia contundente en la realización de tareas puede producir obediencia, y cocinas y patios más limpios, pero puede tener una influencia indeseable en la formación del carácter.

Es indudable que *la responsabilidad no puede ser impuesta. Solo puede crecer desde dentro, alimentada y dirigida por los valores absorbidos en casa y en la comunidad.* La responsabilidad que no está anclada en valores positivos puede resultar antisocial y destructiva. En las pandillas de delincuentes los miembros muestran a menudo una gran lealtad entre ellos y un fuerte sentido de responsabilidad por la banda. Los terroristas toman sus deberes muy en serio; cumplen las órdenes, aun cuando impliquen el sacrificio de sus propias vidas.

EL MANANTIAL DE LA RESPONSABILIDAD

Aunque deseamos que nuestros hijos sean personas responsables, queremos que su responsabilidad surja de los valores fundamentales, como *el respeto por la vida y la preocupación por el bienestar humano:* en palabras corrientes, *comprensión, compromiso y cuidado.* Normalmente no contemplamos el problema de la responsabilidad en un marco más amplio. Vemos la responsabilidad, o la falta de ella, en términos mucho más concretos: en la habitación desordenada, en la falta de puntualidad, en los deberes mal hechos, en la reticencia a practicar el piano, en la desobediencia enfurruñada, o en los malos modos.

Pero los niños pueden ser corteses, mantenerse limpios tanto ellos mismos como su habitación, hacer los deberes con precisión, y *aun así tomar decisiones irresponsables.* Esto es especialmente cierto en los niños a los que siempre se les dice qué deben hacer, y que por consiguiente tienen pocas oportunidades de ejercitar la capacidad de discernimiento, elegir entre opciones y desarrollar normas internas.

Por el contrario, los niños que tienen la oportunidad de tomar decisiones crecen psicológicamente independientes, y serán capaces, cuando sean adultos, de escoger una pareja y un trabajo que les satisfagan.

La reacción emocional interna del niño a nuestra instrucción es un elemento decisivo en aquello que aprenden de lo que queremos que sepan. Los valores no se pueden enseñar directamente. Se asimilan y se vuelven parte del niño, solo a través de la identificación con las personas que se ganan su amor y respeto, y su emulación.

Así, el problema de la responsabilidad en los niños se vuelve a remitir al padre, o más concretamente, *a los valores paternales expresados en prácticas de crianza que refuerzan el cariño entre padres e hijos.* La pregunta que debemos considerar ahora es: ¿existen actitudes y prácticas definitivas que tengan probabilidades de crear el deseado sentido de responsabilidad en nuestros hijos? El resto del capítulo es un intento de contestar a esta pregunta desde un punto de vista psicológico.

METAS DESEABLES Y PRÁCTICAS DIARIAS

La responsabilidad en los niños empieza con las actitudes y las habilidades de los padres. Entre las actitudes debe existir una buena disposición para permitir que los niños experimenten *todos* sus sentimientos; entre las habilidades, la capacidad para demostrar a los niños las *maneras aceptables* de abordar esos sentimientos.

Las dificultades que comporta cumplir estos dos requisitos son tremendas. Nuestros propios padres y maestros no nos han preparado adecuadamente para tratar con las emociones. Ellos mismos no supieron abordar los sentimientos fuertes. Cuando se encontraban frente a emociones turbulentas en los niños, intentaban negarlas, repudiarlas, suprimirlas o dulcificarlas. Empleaban frases que resultaban inútiles:

Negar: Realmente no quieres decir lo que dices; ya sabes que quieres mucho a tu hermanito pequeño.
Repudiar: Esa no eres tú; simplemente estás disgustada por un día malo.
Suprimir: Si vuelves a decir la palabra «odio», recibirás el bofetón de tu vida. Un niño bueno no piensa esas cosas.
Dulcificar: Realmente no odias a tu hermana, quizá le tienes antipatía. En nuestra casa no nos odiamos, sólo nos queremos.

Las declaraciones de ese tipo ignoran el hecho de que las emociones, como los ríos, no pueden ser detenidas, solo dirigidas. Los sentimientos fuertes, como las aguas crecientes del Nilo, no pueden negarse, razonarse o disuadir de que existan. Intentar ignorarlos es provocar el desastre. Deben ser admitidos y su poder reconocido. Deben ser tratados con respeto y desviados con ingenio. Encauzados así, pueden electrizar nuestra existencia y aportar luz y alegría a nuestras vidas.

Estas son metas nobles, pero persiste la pregunta: ¿qué pasos podemos seguir para llenar el vacío entre las metas deseadas y las prácticas diarias? ¿Por dónde empezamos?

PROGRAMAS A LARGO Y
A CORTO PLAZO

La respuesta parece radicar en seguir un programa que sea una combinación de esfuerzos a largo y a corto plazo. En un primer momento, es preciso el reconocimiento claro de que *la educación del carácter depende de nuestra relación con nuestros hijos y que los rasgos de la personalidad no pueden ser transmitidos a través de palabras, sino que deben ser comunicados mediante actos.*

El primer paso en el programa a largo plazo es la determinación de *interesarse por lo que los niños están pensando y sintiendo, y responder no solo a su conducta, su complacencia externa o su rebelión, sino a los sentimientos que activan la conducta.*

¿Cómo podemos averiguar lo que los niños piensan y sienten? Ellos mismos nos dan las pistas: sus sentimientos se revelan en la palabra y en el tono, en el gesto y en la postura. Lo único que hace falta es un oído para escuchar, un ojo para mirar y un corazón para sentir. *Nuestro lema interno debe ser: que pueda entender. Que pueda demostrar que entiendo. Que lo pueda demostrar con palabras que ni critiquen ni condenen.*

Cuando un niño vuelve de la escuela callado, lento y arrastrándose, podemos saber por esas señales que le ha pasado algo. Siguiendo nuestro lema, lógicamente no empezaremos nuestra conversación con un comentario crítico, como los que se mencionan a continuación:

«¿Por qué pones esa cara?»

«¿Qué pasó? ¿Has perdido a tu mejor amigo?»

«¿Qué has hecho ahora?»
«¿En qué lío te has metido hoy?»

Puesto que nos interesa saber qué siente nuestro hijo, evitaremos hacer comentarios que sólo crean resentimiento, comentarios que le hacen desear no haber vuelto a casa. *En lugar de ser recibidos con mofa o sarcasmo, los niños tienen derecho a una respuesta empática de los padres que dicen amarlos*, como por ejemplo:

«Algo te ha pasado.»
«No has tenido un buen día.»
«Parece que has tenido un día difícil.»
«Alguien te ha dado el día.»

Siempre hay que tener en cuenta que declaraciones de este tipo son mejores que las preguntas como «¿Qué ocurre?», «¿Qué te pasa?», «¿Qué ha pasado?». *Las preguntas comunican curiosidad; las declaraciones comunican comprensión*. E incluso si el comentario comprensivo no cambia inmediatamente el humor del niño, este asimilará igualmente los sentimientos cariñosos que comunican las palabras comprensivas del padre.

CURAR LAS HERIDAS EMOCIONALES DEL NIÑO

Cuando Daniel le dijo a su madre que el conductor del autocar lo había insultado y empujado, no era deber de ella descubrir los motivos del conductor o buscar excusas para él. Su tarea era responder comprensivamente y de este modo proporcionar los primeros auxilios emocionales con comentarios como:

«Debe de haber sido muy violento para ti.»
«Debías de sentirte humillado.»
«Debes de haberte enfadado.»
«Debes de haberte molestado mucho con él en aquel momento.»

Tales declaraciones habrían mostrado a Daniel que su madre entendía su enojo, dolor y humillación, *que estaba a su lado cuando él la necesitaba.* Al igual que los padres se apresuran a dar primeros auxilios físicos cuando sus hijos se hacen daño, deben aprender a dar *primeros auxilios emocionales* cuando sus hijos sufren lesiones emocionales.

No nos podemos escapar del hecho de que los niños aprenden de lo que viven. Si viven con la crítica, no aprenden a ser responsables; aprenden a censurarse y a criticar a los demás. Aprenden a dudar de su propio criterio, a desacreditar su propia habilidad y a desconfiar de las intenciones de otros. Y, sobre todo, aprenden a vivir con la expectativa continua del desastre inminente.

Criticar es la forma más fácil de hacer que los niños sientan que hay algo que falla en ellos. Disminuye su autoimagen. En lugar de la crítica, los niños necesitan *información sin desprecio.*

Una madre vio a su hijo de nueve años, Esteban, sirviéndose casi todo el flan de chocolate en un cuenco grande. Estaba a punto de reprenderle: «¡Qué egoísta eres! ¡Sólo piensas en ti! ¡No eres el único que vive aquí!».

Pero había aprendido que *etiquetar es incapacitar*, que señalar a un niño sus atributos de personalidad negativos no le ayuda a convertirse en una persona más afectuosa. En lugar de etiquetar, ella simplemente informó: «Hijo, el flan tiene que repartirse entre cuatro personas». «Ay, lo siento mucho –contestó Esteban–. No lo sabía. Me pondré menos.»

CONSTRUIR BUENAS RELACIONES CON NUESTROS HIJOS

Los padres que se encuentran en plena guerra, declarada o no, con sus hijos sobre tareas y responsabilidades deben reconocer que esta guerra no puede ganarse. *Los niños tienen más tiempo y energía para resistirnos que la que nosotros tenemos para obligarles.* Aun cuando ganemos una batalla y logremos imponer nuestra voluntad, en respuesta pueden volverse apocados y malhumorados, o rebeldes y delincuentes.

Por consiguiente, nuestra tarea es construir buenas relaciones con nuestros hijos. ¿Cómo realizamos esta tarea tan difícil? Nos los tenemos que ganar. Esto puede parecer imposible; sin embargo, es únicamente difícil, y tenemos la capacidad de lograrlo en cuanto empecemos a entender sus puntos de vista y escuchar las percepciones que a menudo activan el mal comportamiento.

Los padres pueden iniciar cambios favorables en sus hijos si los *escuchan con sensibilidad*.

Los niños experimentan frustración y resentimiento cuando los padres parecen indiferentes a cómo se sienten y a su punto de vista.

Ejemplo: cuando el padre de Susana insistió en que ella, que no tenía ningún interés en el fútbol, acompañara a la familia a ver el partido de su hermano pequeño, ella se negó. Su padre se enfureció y la amenazó con retenerle la paga semanal. Susana se marchó de casa echando pestes, enfadada, dolida y sintiéndose rechazada. Cuando el padre se tranquilizó, pudo ver la negativa de su hija desde el punto de vista de esta y comprender que él quería organizar una excursión familiar feliz, pero que no había respetado los sentimientos de su hija. Cuando ella volvió, él se disculpó y admitió que no tenía sentido que ella se uniera a la familia en un evento que para ella sería desagradable. También comprendió que si la hubieran obligado a ir, ella se habría encargado de que los demás tampoco disfrutaran del partido.

Muchos padres tienen una imagen idealizada de acontecimientos y celebraciones familiares, ignorando los fondos negativos que a menudo envenenan sus previsiones de pasar ratos felices. Los padres deben escoger cuidadosamente los eventos familiares que quieren imponer a sus hijos. No les conviene hacer que sus hijos se sientan indefensos y resentidos y así sufrir la presencia de un niño malhumorado, enfadado y desagradable. ¿Por qué? Porque los niños tienen muchas formas de ajustar cuentas con sus padres incluso cuando es a su propia costa.

Veamos la historia, que viene a continuación, del señor Gómez, un hombre mandón que decidió cambiar su conducta hacia su cocinero, a quien llamó, diciendo:

«De hoy en adelante le voy a tratar bien.»

«Si llego un poco tarde, ¿no me gritará?»

«No», dijo el patrón.

«Si el café no está caliente, ¿no me lo tirará a la cara?»

«¡Ya no!», fue la respuesta contundente del jefe.

«Si el bistec está demasiado hecho, ¿no lo descontará de mi sueldo?»

«En absoluto», reiteró el señor Gómez.

«De acuerdo! –dijo el cocinero–, entonces yo ya no escupiré en la sopa.»

Los niños tienen muchas maneras de escupir en nuestra sopa y amargarnos la vida.

Los niños cuyos padres no tienen en cuenta sus sentimientos y puntos de vista pueden concluir que sus ideas son tontas e indignas de atención y que ellos no son ni adorables ni amados.

Los padres que escuchan con atención y no solo oyen sino que también tienen en cuenta los sentimientos fuertes de sus hijos, les comunican que *sus opiniones y sentimientos son apreciados y que ellos son respetados*. Tal respeto proporciona al niño autoestima, la cual le habilita para tratar más eficazmente tanto a las personas como a los acontecimientos.

REFLEJAR LOS SENTIMIENTOS DE LOS NIÑOS

¿Se ha mirado alguna vez en uno de esos espejos grotescos de parque de atracciones en que uno se ve exagerado y torcido? ¿Cómo le hizo sentirse? Probablemente incómodo. Pero usted se rió porque sabía que era una desfiguración, que en realidad usted no tiene ese aspecto.

Pero supongamos que esta era la única imagen que usted tenía de sí mismo. Se le podría convencer de que esa persona deformada era usted realmente. No se le ocurriría desconfiar del espejo si fuera la única imagen que usted tenía de sí mismo.

Los niños tampoco tienen razón alguna para dudar de la imagen que sus padres les reflejan. Incluso aceptan las valoraciones negativas de sus padres, que a menudo los etiquetan de tontos, perezosos, torpes, desconsiderados, egoístas, insensibles, irresponsables o indeseables. Decirle a un niño: «Estás fatal así», o «Nunca haces nada bien», o «Qué torpe eres», no le ayuda a sentirse guapo, capaz o ágil. Muchos padres etiquetan a sus hijos de tontos, perezosos y tramposos, y esperan que estas etiquetas les motiven para convertirse en personas inteligentes, trabajadoras y honradas.

El reflejo paterno negativo puede distorsionar fácilmente la autoimagen de un niño.

Durante un programa de televisión sobre los niños, Teo, de doce años, me preguntó: «Mi padre me llama perezoso, salvaje y tonto. ¿Tiene razón? Yo no creo que sea así».

«Dime, si tu padre te dijera que eres millonario, ¿le creerías?», le pregunté.

«No, yo sé que tengo solo diecisiete euros en el banco, y eso no es ser un millonario. Ah, ya veo. Simplemente porque él dice que soy terrible no significa que lo sea», contestó Teo.

«Al igual que sabes cuánto dinero tienes, también sabes qué tipo de persona eres, a pesar de lo que cualquiera, incluso tu padre, pueda decirte. Porque es tu padre, a quien amas y respetas, el que te insultó así, te resulta más difícil estar seguro de que no eres la persona que él describe», recalqué. *Las etiquetas negativas con la intención de utilizarlas como correctivo pueden afectar y marcar al destinatario de por vida.*

Hace varios años Pau Casals, el gran violonchelista y humanista, habló de los niños y de la importancia de hacer que se sientan especiales. Dijo: «No es suficiente que los niños sepan que dos y dos son cuatro. Los padres deberían decirles a sus hijos: "¡TÚ eres una maravilla! ¡Eres un milagro! Desde los albores del tiempo nunca hubo ni nunca habrá un niño igual que tú"».

Algunos niños tienen suerte. Sus padres están de acuerdo con Pau Casals y saben ayudar a sus hijos a sentirse especiales.

Ester, de diez años, y su madre estaban de compras en unos grandes almacenes. De repente oyeron a un niño llorando. Parecía que se había perdido. Después de un rato el guardia de seguridad lo encontró y le ayudó a buscar a su madre.

Aquella tarde Ester, con aspecto triste, dijo a su madre: «Estaba pensando en lo terriblemente asustado que aquel niño pequeño, del otro día, debía de estar cuando comprendió que no podía encontrar a su madre». La primera idea de la madre fue tranquilizar a su hija: «No te preocupes. Probablemente encontraron a la madre enseguida». En cambio, decidió aprovechar la oportunidad para hacer que Ester se diera cuenta de su capacidad de sentir afecto.

Madre: Ester, estás muy preocupada por ese niño perdido.

Ester: No puedo dejar de pensar en lo triste que parecía.

Madre: Mostraste auténtica empatía y comprensión. Sabes percibir el miedo de un niño.

Ester: Vaya, mamá, nunca pensé en mí misma como alguien especial.

PREVENIR «LAS UVAS DE LA IRA»

Los padres deben evitar conscientemente palabras y comentarios que creen odio y resentimiento:

Insultos: Eres una deshonra para tu escuela y para tu familia.

Profecías: ¡Con ese comportamiento, acabarás en la cárcel!

Amenazas: Si no te calmas, puedes olvidarte de la paga y de ver más televisión.

Imputaciones: Siempre eres el que mete cizaña.

Órdenes: Siéntate, calla y come.

EXPRESAR LOS SENTIMIENTOS Y LOS PENSAMIENTOS SIN ATACAR

En las situaciones molestas, los padres son más eficaces cuando expresan sus propios sentimientos y pensamientos *sin atacar a la personalidad y dignidad de su hijo*. Hablando en primera persona, los padres pueden expresar sus sentimientos de enfado y describir la conducta enojosa de su hijo sin insultar o degradarle. Por ejemplo: «Me enfurece y me duele cuando mi hijo ignora mis repetidas peticiones de bajar el volumen de la música».

Cuando los padres escuchan con sensibilidad, se esfuerzan en comprender el punto de vista de su hijo, suspenden los comentarios mordaces y reflejan sus sentimientos y necesidades sin insultos, se inicia un proceso de cambio en el niño. La atmósfera comprensiva acerca al niño a los padres; *las actitudes de justicia, consideración y cortesía son observadas y emuladas.* Los cambios no ocurrirán de un día para otro, pero a la larga los esfuerzos se premiarán.

Al adoptar estas actitudes y prácticas, los padres lograrán mucho en su cometido de *enseñar la responsabilidad a un hijo.* Pero con el ejemplo no basta. *Cada niño adquiere el sentido de la responsabilidad a través de sus propios esfuerzos y experiencia.*

Así como el ejemplo de los padres crea la actitud y el clima favorables al aprendizaje, las experiencias específicas consolidan ese aprendizaje para que forme parte del carácter del niño. Por consiguiente, es importante dar a los niños responsabilidades específicas adecuadas a sus diferentes niveles de madurez.

En la mayoría de los hogares los niños plantean problemas, pero son los padres quienes encuentran las soluciones. Si los niños van a madurar, debe dárseles la oportunidad de resolver sus propios problemas. A continuación presentamos un ejemplo.

La profesora de Felipe acompañaba a la clase en una salida de esquí de fin de semana. Cuando Felipe, de dieciséis años, llegó a la estación de autobuses, la profesora no le permitió unirse al grupo en el viaje porque había olvidado la hoja de autorización de sus padres. Estaba alterado y furioso. Cuando volvió a casa, se enfrentó a su madre: «Mamá, si no me llevas a la estación de esquí, vas a perder los cien euros que pagaste».

«Felipe –contestó–, yo sé cuánto te apetecía ir. Quisiera poder ayudarte. Pero tú sabes que me resulta imposible llevarte.»

«¿Qué puedo hacer?», dijo Felipe quejumbroso.

«¿Has pensado en ir en autobús?», sugirió la madre.

«No, porque tendría que cambiar de autobús demasiadas veces», contestó Felipe.

«Ya veo que has decidido no ir en autobús», comentó la madre serenamente.

Durante varios minutos Felipe continuó mascullando sobre su desgracia, y luego salió de la habitación. Cuando volvió anunció que había encontrado un autobús que iba directamente a la montaña, sin cambios. Mientras iban a la estación de autobuses, Felipe le contó a su madre que le dio mucha rabia cuando la profesora le dijo: «Pues no es culpa nuestra que hayas olvidado la autorización». Entonces agregó: «Actué de forma muy adulta. ¿Sabes cómo le contesté? "No me interesa echar culpas. Me interesa buscar una solución"».

«Bueno –observó la madre–, sabes que culpar no es útil en una crisis.»

La capacidad de comunicación de esta madre ayudó a su hijo a orientarse hacia la solución. Como resultado, no perdió tiempo en culpar y avergonzar. Aunque todavía habría preferido que su madre lo sacara de apuros, con el estímulo adecuado encontró la manera de ir a donde él quería. Al permitirle encontrar su propia solución, la madre le ayudó a sentirse competente y responsable.

OPINIÓN Y OPCIÓN

Los niños no nacen con un sentido innato de la responsabilidad. Tampoco lo adquieren automáticamente a una edad prescrita. La responsabilidad, como tocar el piano, se logra lentamente a través de los años. Requiere una práctica diaria en ejercer el juicio y elegir entre opciones sobre asuntos apropiados a la edad y comprensión del niño.

La educación de la responsabilidad puede empezar muy temprano en la vida del niño. La responsabilidad se fomenta permitiendo a los niños dar su opinión y, donde esté indicado, elegir una opción en los asuntos que les afectan. *Se hace aquí una distinción deliberada entre opinión y opción.* Hay cuestiones que caen plenamente dentro del campo de responsabilidad del niño. En estas cuestiones el niño debe tener una opción. Otras cuestiones, que afectan al bienestar del niño, son responsabilidad exclusivamente nuestra. En estas cuestiones el niño puede tener una opinión, pero no una opción. Nosotros elegimos, mientras ayudamos al niño a aceptar lo inevitable. Es preciso hacer una distinción clara entre estos dos campos de responsabilidad. Vamos a examinar varias áreas en que suelen surgir conflictos entre padres e hijos.

La comida
Incluso a un niño de dos años se le puede preguntar si quiere medio vaso de leche o un vaso entero.

(Los padres que temen que su hijo siempre escogerá medio vaso, pueden empezar con un vaso más grande.) Un niño de cuatro años puede tener la opción entre media manzana y una entera, y una niña de seis años puede decidir por sí sola si quiere huevos fritos o tortilla.

A los niños se les debe presentar deliberadamente muchas situaciones donde elegir entre diversas opciones. Los padres seleccionan las situaciones; los niños eligen las opciones.

No se pregunta a un niño pequeño: «¿Qué quieres para desayunar?». Se le pregunta, por ejemplo: «¿Quieres huevos fritos o tortilla?». «¿Quieres el pan tostado o no?» «¿Quieres los cereales con leche fría o caliente?» «¿Quieres zumo de naranja o leche?»

Lo que se comunica al niño es que tiene algo de responsabilidad para con sus propios asuntos. No es tan solo un receptor de órdenes, sino también un participante en las decisiones que conforman su vida. De las actitudes de los padres, el niño debe recibir un mensaje claro: *Nosotros proporcionamos muchas opciones, no obstante la elección es tu responsabilidad.*

Los problemas de comida en los niños se crean a menudo porque los padres toman demasiado interés personal en las papilas gustativas de sus hijos. Dan la lata a los niños para que coman verduras específicas, y les dicen (con bastante poca ciencia) cuáles son las más saludables. Es mejor para el niño que el padre no dé tanta importancia a la comida; los padres deben ofrecer comida de calidad y buen sabor y confiar en que el niño comerá tanto o tan poco como le pida su propio apetito, con tal de que esto no choque con los consejos del médico. *La comida cae claramente dentro del campo de responsabilidad del niño.*

No permitir que los niños tengan una opinión y, en cuanto sea posible, una opción dificulta que desarrollen la sensación de ser una persona que importa, tal como se ilustra a continuación. Arturo, de cuatro años, está sentado en un café con su madre:

Camarera: ¿Qué querrán?
Arturo: Yo quiero un perrito caliente.
Madre: ¡Tráigale un bocadillo de lomo!
Camarera: ¿Qué quieres con el perrito caliente, catsup o mostaza?
Arturo (mirando a su madre): Eh, mamá, ¡¡ella piensa que soy una persona de verdad!!

La ropa

Al comprar la ropa para los niños pequeños, es nuestra responsabilidad decidir qué ropa necesitan y qué presupuesto tenemos. En la tienda seleccionaremos algunos modelos –todos aceptables por lo que se refiere al precio–. El niño escogerá el que prefiere llevar. Así, incluso un niño o una niña de seis años puede escoger los calcetines, las camisas, los vestidos, los pantalones... entre aquellos que su padre o madre haya seleccionado. En muchos hogares los niños no adquieren experiencia ni desarrollan ninguna habilidad en comprarse ropa. De hecho, hay adultos que no pueden comprarse un traje sin tener a su lado a alguien que les aconseje.

Los niños mayores, en particular, deben poder escoger incluso ropa que puede ser diferente de lo que es aceptable para sus padres o sus amigos. Un niño puede querer expresar su gusto individual de una manera incómoda para el padre. Con tal de que un joven decida usar su propio dinero, se le debe permitir comprar lo que le gusta. Si sus compañeros se burlan o dejan claro que encuentran su gusto algo «raro», es probable que modifique su gusto para estar más en línea con sus coetáneos. *Los padres pueden salvarse de criticar, desaprobar, discutir y crear rencores si permiten que los compañeros de clase de su hijo o hija hagan el trabajo por ellos.* Por otro lado, hay algunos niños que son sumamente creativos y algunos padres se sienten cómodos dejándoles llevar la ropa que les gusta e incluso diseñan, por diferentes que sean de sus compañeros.

Hay momentos en que un adolescente puede ponerse ropa muy provocativa. Un padre puede invitarle a pensar en el mensaje de la ropa: «¿Quieres ser considerado como una persona rara?», «¿Quieres que los demás crean que estás sexualmente disponible para todos?».

Los deberes

Desde el primer año de enseñanza primaria, las actitudes de los padres deben comunicar que los deberes son estrictamente responsabilidad del niño y la maestra. Los padres no deben dar la lata a los niños sobre los deberes. No deben supervisar ni verificar los deberes, excepto por invitación de los niños. (Esta política puede ser contraria a los deseos de la maestra.) Cuando los padres asumen responsabilidades en cuanto a los deberes, los niños se lo permiten, y los padres nunca más se libran de esa esclavitud. En manos del niño, los deberes pueden convertirse en un arma para castigar, chantajear y aprovecharse de los padres. Se podría evitar mucho sufrimiento, y añadir mucha alegría a la vida de la familia, si los padres mostraran menos interés en los detalles insignificantes de los trabajos del niño y en cambio comunicaran sin dejar lugar a dudas que: los deberes son tu responsabilidad. Los deberes son para ti lo que el trabajo es para nosotros.

En muchas y muy buenas escuelas no se ponen deberes a los niños más pequeños, y los alumnos parecen adquirir tanta sabiduría como aquellos que luchan con deberes a las edades de seis y siete años. El valor principal de los deberes es que proporcionan a los niños la experiencia de trabajar solos. Para que tengan este valor, sin embargo, los deberes deben ajustarse a la capacidad del niño, para que pueda trabajar independientemente con poca ayuda de otros. *Las ayudas directas pueden solo comunicar al niño que no puede hacer nada sin la participación de los padres.* Las ayudas indirectas, sin embargo, pueden ser útiles. Por ejemplo, nos podríamos asegurar de que el niño tiene intimidad, un escritorio apropiado, libros de referencia y acceso a un ordenador. También podríamos ayudar al niño a decidir el momento más adecuado para hacer los deberes, de acuerdo con las estaciones. En las tardes apacibles de primavera y otoño, probablemente el niño preferirá jugar primero y luego hacer los deberes. En los días fríos de invierno, los deberes deben hacerse primero si despúes quiere ver la televisión.

A algunos niños les gusta estar cerca de un adulto mientras trabajan. Necesitan que se les escuche cuando analizan un problema o intentan entender un pasaje de un libro. Quizá sea posible que utilicen la mesa de la cocina o del comedor. Sin embargo, *no se debe hacer ningún comentario sobre formas de sentarse, pulcritud personal o trato del mobiliario.*

Algunos niños trabajan mejor cuando pueden morder un lápiz, rascarse la cabeza, mecer una silla o incluso escuchar música. Nuestros comentarios y restricciones aumentan la frustración e interfieren en su trabajo mental. Los niños se resisten menos cuando nuestras demandas comunican respeto y protegen la autonomía.

Los deberes del niño no deben interrumpirse con preguntas y recados que pueden esperar. Debemos permanecer en segundo plano dando consuelo y apoyo en lugar de instrucciones y ayuda. De vez en cuando, si el niño nos lo pide, podemos aclarar un punto o explicar una frase. Sin embargo, deberíamos evitar comentarios como: «Si no fueras tan atolondrado, recordarías lo que tienes que hacer» y «Si escucharas al profesor, sabrías los deberes que tienes».

Debemos ayudar con moderación pero también con comprensión. Escuchar en lugar de dar lecciones. *Mostrar el camino, pero esperar que el viajero llegue a su destino por su propio pie.*

La escena siguiente ilustra la habilidad de una madre en impedir que un problema de deberes acabe en una acalorada discusión: Elena, de once años, se levantó de su mesa y desafió a su madre: «No quiero hacer los deberes. Estoy demasiado cansada».

Una respuesta común habría sido: «¿Cómo que no quieres hacer los deberes? Nunca estás demasiado cansada para jugar. Solo te cansan los deberes. ¡Ya verás cuando traigas malas notas a casa!».

En cambio, la madre *reconoció* el punto de vista de su hija: «Veo que estás cansada. Has estado trabajando mucho. Vuelve a tus libros cuando estés lista».

La actitud de un padre hacia la escuela y el profesor puede influir en la actitud de un niño hacia los deberes. Si un padre habitualmente habla mal de la escuela y menosprecia a la maestra, el niño sacará las conclusiones obvias. Los padres deben reforzar la posición del profesor y apoyar sus decisiones sobre los deberes. Cuando el maestro es estricto, el padre tiene una oportunidad maravillosa para ser comprensivo:

«No está siendo un curso fácil..., ¡tanto trabajo!»

«Es duro este curso.»

«Sí que es estricta tu maestra.»

«Me han dicho que exige mucho.»

«Dicen que es especialmente dura sobre los deberes. Supongo que tendrás mucho trabajo este curso.»

Es importante evitar riñas diarias sobre los deberes, como: «Mira, Aurora, de hoy en adelante vas a trabajar la ortografía todos los días por la tarde, incluyendo sábados y domingos. Se acabó el jugar y la televisión también» o «¡Roberto! Estoy harta de recordarte los deberes. Papá va a encargarse de que te centres en tu trabajo. Si no lo haces, te arrepentirás».

Las amenazas y las críticas son frecuentes porque hacen creer al padre que está haciendo algo para cambiar la situación. En realidad *tales advertencias son más que inútiles. Sólo producen una atmósfera cargada, un padre irritado y un hijo enfadado.*

Llegó una carta de la escuela. Iván, de catorce años, iba atrasado en sus estudios. La primera reacción de su padre fue llamar a su hijo, darle una paliza verbal y castigarlo: «Escucha, hijo, de hoy en adelante vas a hacer los deberes todos los días, incluso fines de semana y fiestas. Ni películas, ni tele, ni juegos de vídeo, ni ir a casa de tus amigos. Me voy a asegurar personalmente de que te pongas a trabajar en serio».

Este discurso se había dado muchas veces y siempre conducía a un padre furioso y un hijo desafiante. El aumento de presión solo aumentaba la resistencia de Iván. Se convirtió en experto en evasión y ocultación.

Esta vez, en lugar de recurrir a amenazas y castigos, el padre apeló al amor propio de su hijo. Le mostró la carta del profesor y dijo: «Hijo, nosotros contamos con que mejores para estar mejor informado y tener más conocimientos. El mundo necesita personas capaces. Todavía hay muchísimos problemas que necesitan soluciones. Tú podrías ayudar».

A Iván las palabras y el tono de voz de su padre le gustaron tanto que dijo: «Prometo tomarme mi trabajo más en serio».

Muchos niños capaces se retrasan en sus deberes y rinden menos de lo que pueden como rebelión inconsciente contra las ambiciones de sus padres. Para crecer y madurar, necesitan alcanzar un sentido de individualidad y autonomía. Cuando los padres están demasiado pendientes emocionalmente del expediente escolar, la autonomía del niño está en peligro. Si los deberes y las buenas notas se convierten en la joya de la corona de los padres, el niño puede inconscientemente preferir traer a casa una corona de hierbajos que por lo menos sea suya. Al no alcanzar las metas de sus padres, el joven rebelde logra un sentido de independencia, por lo que la necesidad de individualidad y singularidad puede empujar a un niño hacia el fracaso, a pesar de la presión y el castigo paternos. Como dijo un joven: «Me pueden quitar la televisión y la paga, pero no me pueden quitar mis suspensos».

Por supuesto que la resistencia a estudiar no es un problema sencillo que se pueda resolver siendo severo o indulgente con los niños. El exceso de presión puede aumentar la resistencia del niño, mientras que una actitud de *laissez-faire* puede comunicar la aceptación de la inmadurez y la irresponsabilidad. La solución no es ni fácil ni rápida. Algunos niños pueden necesitar psicoterapia para resolver su forcejeo con sus padres y para adquirir el sentimiento de satisfacción por el buen rendimiento, en lugar del bajo rendimiento.

Otros pueden necesitar una tutoría con una persona psicológicamente orientada, como un consejero escolar o un profesor sensible. *Es fundamental que no sean los padres los que se encarguen de la tutoría.* Nuestra meta es comunicar a los niños que son individuos, independientes de nosotros, y responsables de sus propios éxitos y fracasos. Cuando al niño se le permite experimentar el yo como un individuo con necesidades y metas autoengendradas, empieza a asumir la responsabilidad hacia su propia vida y las exigencias que presenta.

La paga semanal: aprender el sentido del dinero

La paga semanal no debe usarse como premio por buena conducta o como pago por realizar tareas domésticas. Es un dispositivo educativo que tiene un propósito distinto: *proporcionar experiencia en el uso del dinero al tener que elegir entre opciones y asumir responsabilidades.* Por consiguiente, la supervisión de la paga semanal burlaría este propósito. Lo que se requiere es una política general que estipule los gastos que se espera que cubra la paga semanal: golosinas, meriendas, material escolar, etcétera. A medida que el niño vaya madurando, la paga semanal debe aumentarse para incluir los gastos y las responsabilidades adicionales: cuotas de clubes juveniles, entradas de cine y discotecas, ropa y accesorios, etcétera.

Pueden esperarse abusos respecto a la paga semanal. Algunos jóvenes administrarán mal el presupuesto y gastarán demasiado, demasiado rápido. Los abusos deben discutirse con el niño de una manera formal para llegar a soluciones de acuerdo mutuo. En los casos repetidos de gasto inmediato, puede ser necesario dividir la paga semanal en dos o más veces por semana. La propia paga semanal no se debe emplear como espada de Damocles sobre la cabeza del niño para presionarle en términos de rendimiento u obediencia. No debe ser retenida en momentos de enfado, ni arbitrariamente aumentada en momentos de buen humor. Incluso los niños se encuentran incómodos con este tipo de funcionamiento, tal como demuestra este diálogo:

Madre: Te has portado tan bien que te voy a dar dinero para ir al cine.
Hijo: No tienes que darme ningún dinero, mamá. Ya me portaré bien a cambio de nada.

¿Qué es una paga semanal justa? No hay ninguna respuesta universal a esta pregunta. La paga semanal debe ajustarse a nuestro presupuesto. Sean cuales sean las normas del barrio, no nos debemos dejar empujar a dar más de lo que podemos permitirnos cómodamente. Si el niño protesta, le podemos decir sinceramente y con comprensión: «Ya quisiéramos poder aumentarte la paga, pero nuestro presupuesto no lo permite». Esto es mejor que intentar convencer al niño o la niña de que realmente no necesita más dinero.

El dinero, como el poder, puede fácilmente ser mal manejado por un inexperto. Una paga semanal no debe ser mayor que la capacidad del niño para manejarla. Es mejor empezar con una paga semanal pequeña, que puede irse ajustando de vez en cuando, que sobrecargar al niño con demasiado dinero. Podría empezarse con la paga semanal cuando el niño ha empezado a ir a la escuela y ha aprendido a contar dinero y dar cambio. Existe una condición esencial a la paga semanal: la pequeña cantidad de dinero que sobra después de los gastos fijos ha de ser del niño, para ahorrarla o derrocharla.

El cuidado de mascotas: un proyecto compartido

Cuando un niño promete cuidar de una mascota está simplemente mostrando buenas intenciones, no dando pruebas de capacidad. Puede necesitar, querer y amar a una mascota, pero raramente es capaz de cuidarla correctamente. Un niño no puede ser el único responsable de la vida de un animal. Para evitar sentimientos de frustración y recriminaciones, lo mejor es dar por sentado que una mascota para el niño significa también trabajo para los padres. El niño puede beneficiarse enormemente de tener una mascota para jugar con ella y quererla. También puede beneficiarse de compartir el cuidado de la mascota, pero la responsabilidad en cuanto a la supervivencia y el bienestar del animal debe corresponder al adulto. Un niño puede aceptar la responsabilidad de alimentar a su mascota, pero todavía necesitará que sus padres le proporcionen advertencias amistosas.

Zonas de conflicto y esferas de responsabilidad

Los niños se nos resisten mucho menos cuando nuestras demandas comunican respeto y preservan la autonomía.

Una madre pidió a sus hijos que recogieran la mesa. Ellos daban largas, y ella se molestó. Antes habría gritado y amenazado. Esta vez constató hechos en lugar de amenazas: «Cuando la mesa esté limpia, tendréis postre». Un frenesí de actividad le comunicó que había dado en el blanco.

Los niños responden a declaraciones breves que no sean expresadas como órdenes. En un día frío y ventoso, Víctor, de nueve años, dijo: «Quiero llevar mi chaqueta vaquera hoy». Su madre contestó: «Mira el termómetro. Por encima de cinco grados, chaqueta vaquera; por debajo de cinco, anorak». Víctor miró el termómetro y dijo: «Bueno, estamos a un grado bajo cero», y se puso el anorak. Antes, cuando Amelia, de siete años, y Lorenzo, de nueve, jugaban a la pelota en la sala, su padre habría gritado: «¿Cuántas veces he de decir que el salón no es un campo de fútbol? Aquí hay cosas valiosas que podéis romper. ¡Qué irresponsables sois!». Pero esta vez decidió tratar con este problema recurrente dándoles una opción: «Chicos, tenéis que elegir. Uno, jugar fuera; o dos, dejar el juego. Decidís vosotros».

La madre de Jorge, que ya no podía resistir el pelo largo de su hijo de trece años, ideó una estrategia que conservaba la autonomía y dignidad de su hijo. *Le dio una opción:* «El pelo te llega a los hombros. Hay que cortarlo. Cómo se hace es asunto tuyo. Puedes ir al barbero o cortártelo tú». «Yo al barbero no voy ni loco –contestó Jorge–. Lo haré yo si tanta falta hace.»

Al día siguiente Jorge trajo a casa un peine especial para cortar pelo. Le pidió ayuda a su madre para hacer el primer corte burdo por la parte de atrás. Entonces se pasó una hora cortando su propio pelo. Cuando salió del baño, estaba triunfante: «Me queda bien, ¿no?», dijo radiante.

La madre explicó: «Me alegré de no haber insistido, gritado u obligado. En cambio, le di una opción, que fue la forma de ayudarle a salvar las apariencias».

Las notas escritas a menudo dan mejor resultado que los comentarios orales.

Un padre, cansado de regañar, recurrió a anuncios graciosos como método de reclutar ayuda para las tareas:

SE BUSCA: Persona joven entre las edades de diez y doce años. Debe ser fuerte, inteligente y atrevido. También capaz de luchar con animales salvajes y abrirse camino a través de la maleza densa entre la casa y el cubo de la basura. Se ruega a los aspirantes se pongan en fila en el rincón entre el lavavajillas y el fregadero.

SE BUSCA: Princesa o príncipe bien parecidos para ayudar a poner la mesa de banquete para una fiesta real.

Las notas provocaron risas, y lo que más complació al padre fue la actitud de los niños; asumieron la responsabilidad sin resentimiento.

Clases de música: mantener la armonía en casa

Cuando un niño aprende a tocar un instrumento musical, los padres oirán, tarde o temprano, una canción conocida: «No quiero practicar más». Afrontar esta situación con objetividad no es un trabajo fácil.

Los padres preguntan a menudo cómo motivar a los niños en sus estudios de música. A continuación mostramos cómo una madre lo logró mediante preguntas *apreciativas*.

Ana, de siete años, estaba tocando por primera vez una pieza para piano con las dos manos.

Madre: ¿Has tocado esta pieza alguna vez?

Ana: No.

Madre: ¿Quieres decir que es la primera vez que la tocas?

Ana: Sí. ¿Pensaste que la había tocado ya?

Madre: Sí.

Ana: Pues he mejorado la repentización. Incluso mi profesor lo notó.

Madre: Sí que se nota.

Ana continuó tocando con gran entusiasmo. Deliberadamente, la madre le hizo una serie de preguntas que reforzaron en su hija la percepción de su habilidad musical. La crítica, por el contrario, anula la motivación.

Miguel, de diez años, estudió violín durante más de un año. Sus padres eran críticos y sarcásticos. Evaluaban su progreso después de cada clase. Siempre que practicaba una pieza nueva, despacio y con muchos errores, su padre gritaba: «¿No puedes tocar con menos equivocaciones? ¡No inventes! ¡Sigue las notas!». El resultado era previsible: Miguel dejó de tocar el violín.

Para adquirir la habilidad de tocar un instrumento musical, un niño necesita *que se aprecie su esfuerzo sin críticas de sus errores*. Los errores son algo que hay que corregir; no son una excusa para atacar la habilidad de un niño.

Cuando un niño se niega a ir a su clase de música, muchos padres recurren a explicaciones y amenazas. Seguidamente ofrecemos una alternativa más eficaz.

Marta (ocho años): No voy a seguir con las clases de violín. La profesora espera que toque cada pieza perfectamente y no puedo.
Madre: El violín es un instrumento difícil. *No es fácil de tocar.* No todos pueden hacerlo. Se necesita mucha decisión para dominarlo.
Marta: ¿Te puedes quedar conmigo mientras practico?
Madre: Claro, si quieres.

La madre, intencionadamente, ni suplicó ni amenazó. No le dijo a su hija lo que tenía que hacer –«Si practicaras más, lo harías mejor»–: reconoció la dificultad de la tarea y ofreció una ayuda simbólica. Este acercamiento pareció proporcionar a Marta el incentivo necesario para continuar con las clases de música.

Lorenzo, de diez años, se quejaba de su profesora de música. Su madre no intentó hacer que cambiase de parecer. En cambio, reconoció su resentimiento y le ofreció opciones:

Lorenzo: Mi profesora de piano espera demasiado de mí. Y encima no deja de hablar. Cuando le hago una pregunta, me da una conferencia.

Madre: ¿Te interesaría tomar un descanso de las clases de piano mientras intento encontrar otro profesor?

Lorenzo (atónito): ¿Quieres borrarme de las clases de música? La música es demasiado importante para mí. ¡No lo dejaré nunca!

Madre: Sí, ya veo cuánto aprecias tus clases de música.

Lorenzo: Quizá esta profesora no es tan mala. Realmente aprendo un montón con ella. Creo que le daré otra oportunidad.

La madre hizo posible que Lorenzo cambiara de idea porque no discutió sus quejas. *Cuando los padres respetan los sentimientos y opiniones de sus hijos, permiten que ellos consideren los deseos de sus padres.*

Sonia (once años): No quiero seguir con las clases de piano. Es una pérdida de tiempo y de dinero. Ahora prefiero ir a clases de tenis.

Padre: ¿Tiene que ser una cosa o la otra?

Sonia: Si sigo con el piano, insistirás en que practique. Quiero evitar líos.

Padre: Intentaré no darte la lata. Confiaré en tu propio horario.

No se dijo nada más. Sonia empezó las clases de tenis sin dejar las de piano.

Algunos padres, recordando sus propias clases de música forzadas, deciden ahorrar a sus hijos semejante angustia. Deciden que tocar o no tocar no es cuestión suya; es asunto del niño. Los niños deciden si practican o no. Tocan cuando les apetece, según su antojo. Aparte de pagar las clases, que sigue siendo asunto de los padres, *la práctica del instrumento se considera responsabilidad del niño.*

Otros padres, recordando con pesar su propia experiencia musical demasiado permisiva, deciden que, pase lo que pase, su hijo tocará. Antes de que el niño nazca, su instrumento musical ya se ha escogido. En cuanto pueda sostener un violín, soplar una trompeta o golpear las teclas de un piano, empezará a practicar el instrumento predestinado. Las lágrimas y rabietas del niño serán desatendidas y su resistencia superada. El mensaje de los padres es fuerte y claro: «Nosotros pagamos; tú aprendes y tocas». Bajo estas condiciones un niño puede o no adquirir una habilidad musical. Pero la empresa puede ser demasiado costosa. El precio es demasiado alto si los resultados incluyen prolongadas relaciones dislocadas entre padres e hijos.

El propósito principal de la educación musical en la infancia es proporcionar un desahogo eficaz para los sentimientos. La vida de un niño está tan llena de restricciones, reglamentos y frustraciones que las vías de desahogo son esenciales, y la música es una de las mejores: *pone sonido a la furia, da forma a la alegría y alivia la tensión.*

Los padres y los maestros normalmente no consideran la educación musical desde este punto de vista; por lo general buscan la habilidad de reproducir melodías. Este acercamiento inevitablemente implica evaluación y crítica de la actuación y personalidad del niño. Demasiado a menudo los resultados son tristemente corrientes: el niño intenta dejar las clases, evitar al profesor y poner fin a la «carrera» musical. En muchas casas un violín abandonado, un piano sin usar o una flauta muda solo sirven de doloroso recordatorio de esfuerzos frustrados y esperanzas incumplidas.

¿Qué pueden hacer los padres? A ellos les corresponde encontrar un profesor amable y considerado, alguien que conozca tan bien a los niños como a la música. El profesor es quien realmente, tiene la llave del interés continuado por la música, y el que puede abrir o cerrar las puertas de la oportunidad. Su tarea fundamental es ganarse el respeto y la confianza del niño. Si falla en eso, no puede tener éxito en su instrucción: un niño no aprende a amar la música de un profesor a quien odia. El tono emocional del profesor resuena más que su instrumento.

Para evitar problemas, el profesor, los padres y el niño deben discutir –y estar de acuerdo– sobre algunas normas básicas. Por ejemplo:

1. No cancelar una clase con menos de 24 horas de antelación.

2. Si se ha de cancelar, es el niño, no el padre, quien llamará al profesor.

3. Habrá una flexibilidad realista en cuanto a horario y ritmo de práctica.

Estas normas disuaden de los cambios «caprichosos» de última hora y estimulan la independencia y la responsabilidad del niño. También le comunican que, mientras tenemos estima por la música, tenemos una estima aún mayor por los sentimientos y las ideas.

No se le debe fastidiar sobre cuándo y cuánto ha de practicar. No se le debe recordar nunca el coste del instrumento ni cuánto han trabajado sus padres para pagarlo. Declaraciones como estas engendran culpabilidad y resentimiento, no crean ni sensibilidad ni interés musicales.

Los padres deben abstenerse de pronosticar sobre el «gran» talento musical de su hijo. Declaraciones como las siguientes son muy desalentadoras: «Tienes un talento maravilloso, si tan siquiera lo aprovecharas...», «Podrías ser otro Billy Joel, si tan solo te aplicaras». El niño puede concluir que las ilusiones de los padres pueden mantenerse mejor no poniéndolas a prueba, y su lema puede convertirse en «Si no lo intento, no defraudaré a mis padres».

Un niño se anima más cuando sabe que sus dificultades se entienden y se aprecian. En su tercera clase de piano, Rosa, de seis años, tuvo que probar tocar una escala de ocho notas con las dos manos. La profesora demostró el ejercicio con gran facilidad, diciendo: «¿Ves? Es fácil. Ahora pruébalo tú». De mala gana y torpemente, Rosa intentó sin éxito imitar a su profesora, y volvió a casa desanimada.

A la hora de practicar, a diferencia de la profesora, su madre dijo: «No es fácil tocar una escala con una mano. Y con dos, aún menos». Rosa asintió rápidamente. Tocó despacio las notas correctas con los dedos apropiados. La madre dijo: «Oigo las notas correctas y veo los dedos correctos». Con evidente satisfacción, su hija contestó: «Es bastante duro». Ese día Rosa continuó practicando más allá del tiempo convenido. Durante la semana, se puso retos más difíciles y no estuvo satisfecha hasta que hubo aprendido a tocar la escala con los ojos vendados. *Un niño se siente más animado por la comprensión de sus dificultades que por los consejos, alabanzas o soluciones instantáneas prefabricadas.*

REUNIONES CON EL PROFESOR: CENTRARSE EN AYUDAR AL NIÑO

Las reuniones con el profesor pueden ser abrumadoras para los padres porque a menudo los padres tienen que escuchar comentarios críticos desagradables sobre sus hijos. ¿Cómo pueden los padres convertir estas reuniones en experiencias que sean constructivas?

El padre de Daniel llegó a la reunión preparado (con libreta y bolígrafo) para apuntar y *traducir* en una acción positiva cualquier comentario negativo sobre su hijo.

Padre: ¿Cómo va Daniel este curso?
Maestra: Bueno, permítame decirle: su hijo llega tarde, no hace los deberes y sus libretas están emborronadas.
Padre (escribiendo): Ah, usted quiere decir que Daniel *necesita mejorar* en puntualidad, hacer los deberes y mantener limpias sus libretas.

Cuando el padre volvió de la reunión, Daniel, de diez años, preguntó: «¿Qué te dijo la maestra sobre mí?». Su padre dijo: «Lo apunté todo. Puedes leerlo si quieres». Daniel, que esperaba los comentarios de siempre sobre su conducta y sus deberes, se sorprendió al leer los apuntes de su padre. Tanto él como su padre se beneficiaron de esta nota, que les ayudó a centrarse en las mejoras en lugar de en los defectos pasados, evitó echar culpas y proporcionó orientación y esperanza.

Toda reunión de padre y profesor puede acabar así, de forma constructiva. Unos ejemplos:

> «Adela necesita mejorar en cuanto a percibirse como una persona responsable, digna de respeto y capaz de hacer su trabajo.»
> «Francisco debe mejorar en considerarse una persona que puede contribuir a las discusiones en clase.»
> «Celia necesita mejorar en expresar su enfado sin insultar y en resolver diferencias pacíficamente.»
> «Guillermo ha de mejorar en aprender a estudiar solo y en acabar los trabajos.»

Algunas veces, cuando los niños cambian de escuela, se aconseja repetir el curso que acaban de terminar. Para muchos padres esto es difícil y penoso.

Cuando la madre de Roberto, de nueve años, se dio cuenta de que este les había dicho a sus amigos que iba a repetir cuarto de primaria en la nueva escuela, se enfureció, gritando: «¿Cómo quieres que tus amigos te respeten cuando les dices que tienes que repetir cuarto? Ya ves por qué no quieren tener nada que ver contigo».

Esta madre habría sido menos destructiva si hubiera compartido su turbación sobre la repetición de curso con Roberto: «Me gustaría no sentirme avergonzada por que en la nueva escuela quieran que repitas curso. Estoy preocupada por que tus amigos piensen que eres tonto. Pero espero que tú no te sientas igual. Después de todo, tienes que repetir solo porque estás cambiando a una escuela más difícil».

Olivia, de doce años, cambió de centro dos veces. La primera vez, de una escuela pública a una privada, y la pusieron en sexto, que ya había acabado. Pero en la escuela siguiente pasó de segundo de ESO a tercero. ¿Quería eso decir que sus padres tenían una hija tonta en sexto, pero brillante en tercero de ESO? ¿Debían estar avergonzados de ella la primera vez y orgullosos dos años después? Ni una cosa ni la otra habría sido útil. Lo que Olivia necesitaba de sus padres no era una evaluación de su inteligencia, sino *la expresión de su confianza en su habilidad para asumir las exigencias de una nueva escuela.*

AMIGOS Y COMPAÑEROS DE JUEGO: SUPERVISAR EL MUNDO SOCIAL DE SU HIJO

Teóricamente, queremos que nuestros hijos escojan sus propios amigos. Creemos en la libertad, nos oponemos a la coacción, y sabemos que la libre asociación es un derecho básico en una democracia. Sin embargo, no pocas veces un niño trae a casa «amigos» que nos resultan inaceptables. Podemos sentir antipatía por matones y esnobs, o tener dificultades para tolerar a los niños maleducados, pero a menos que su conducta realmente nos carcoma, es mejor estudiar las preferencias y atracciones de nuestro hijo antes de intentar interferir en sus elecciones.

¿Qué criterio podemos emplear para evaluar la selección de amigos de nuestro hijo?

Los amigos deben ejercer entre sí una influencia beneficiosa y correctiva. Un niño necesita oportunidades de asociarse con personalidades diferentes y complementarias a la suya. De este modo, un niño introvertido necesita la compañía de amigos más sociables, un niño sobreprotegido necesita compañeros de juego más autónomos, un niño temeroso debe estar en compañía de chicos más valientes, un niño inmaduro puede beneficiarse de la amistad de un compañero de juego mayor que él. Un niño que depende demasiado de su fantasía necesita la influencia de niños más realistas. Un niño agresivo puede frenarse mediante compañeros de juego que sean fuertes pero no beligerantes. Nuestro objetivo es fomentar relaciones correctivas exponiendo a los niños a amigos con personalidades diferentes a las suyas.

Algunas asociaciones deben impedirse. Los niños infantiles sólo se alimentan mutuamente de su inmadurez. Los niños beligerantes sólo refuerzan la agresión mutua. Los niños muy introvertidos no encajan en el toma y daca social. Los niños delincuentes pueden reforzar sus mutuas tendencias antisociales.

Hay que tener un cuidado especial en impedir que los niños que hacen parecer atractiva la conducta criminal se conviertan en «amigos» dominantes. Debido a su mayor «experiencia» pueden lograr convertirse en héroes en la escuela o en el barrio y servir como modelos de identificación indeseables.

Los padres no pueden influir en las amistades de sus hijos a menos que tengan contacto con los amigos. Pueden invitar a sus hijos a traer a sus amigos a casa. Pueden conocer a los padres de los amigos. Pueden observar los efectos de varios amigos sobre sus hijos.

Es preciso un delicado mecanismo de freno y equilibrio para permitir que los niños escojan sus propios amigos mientras nosotros mantenemos la responsabilidad de asegurar que esas opciones sean beneficiosas.

FAVORECER LA INDEPENDENCIA DE LOS NIÑOS

Un buen padre, como un buen maestro, es el que se hace cada vez menos indispensable para los niños. El padre encuentra satisfacción en las relaciones que llevan a los niños a realizar sus propias elecciones y usar su propio poder. En las conversaciones con los niños *podemos emplear conscientemente frases que indican que creemos en su capacidad de tomar decisiones sabias por sí mismos.* Así, cuando nuestra respuesta interna a la demanda de un niño sea «sí», podemos expresarla en declaraciones diseñadas para fomentar la independencia del niño. Aquí presentamos formas de decir que sí:

«Si tú quieres.»
«Si es realmente lo que te apetece.»
«Decídelo tú.»
«En realidad depende de ti.»

«Eres tú quien debe decidir.»
«Cualquier cosa que decidas me parece bien.»

Nuestro «sí» puede ser gratificante para el niño, pero estas declaraciones le proporcionan la satisfacción adicional de tomar sus propias decisiones y de disfrutar de nuestra fe en él o ella.

Todos queremos que nuestros hijos se conviertan en adultos responsables. Las lecciones de responsabilidad se extravían a menos que sean dadas con respeto. Las tareas, la comida, los deberes, la paga semanal, los animales domésticos y las amistades son algunas de las áreas donde el consejo de los padres es importante. Ese consejo debe ir emparejado con la sensibilidad y la comprensión de la lucha de los hijos por la independencia, si queremos que tenga el efecto deseado.

CAPÍTULO 5

LA DISCIPLINA: ENCONTRAR ALTERNATIVAS EFICACES AL CASTIGO

Los médicos tienen un lema: *«Primum non nocere»*, que quiere decir «Sobre todo, no perjudicar». *Los padres necesitan una norma similar para recordarles que en el proceso de imponer disciplina a sus hijos no deben perjudicar su bienestar emocional.*

La esencia de la disciplina es encontrar alternativas eficaces al castigo.

La señorita Sánchez estaba a punto de dar su primera clase en una escuela para chicos delincuentes, y estaba muy nerviosa. Mientras se dirigía con paso enérgico hacia su mesa, tropezó y se cayó. La clase rompió en carcajadas. En lugar de castigar a los alumnos por reírse de ella, se levantó despacio, se enderezó y dijo: «Esta es mi primera lección para vosotros: *una persona puede caerse de bruces y levantarse de nuevo»*. Silencio. El mensaje fue recibido.

La señorita Sánchez entendía la disciplina auténtica, y todos los padres también pueden disciplinar con eficacia si utilizan la fuerza de la sabiduría en lugar de amenazas y castigos para modificar la conducta del niño.

Cuando los padres castigan a los niños, los enfurecen. Sofocados de rabia y absortos en rencores, no pueden ni escuchar ni concentrarse. Por consiguiente, en la disciplina se debe evitar cualquier cosa que genere rabia, y hay que fomentar todo lo que refuerce la autoconfianza y el respeto por uno mismo y por los demás.

¿Qué pasa cuando los padres enfurecen a sus hijos? Empiezan a odiarse a sí mismos y a sus padres, quieren ajustar cuentas y se consumen en fantasías de venganza. Cuando Mario, de siete años, fue castigado y humillado por su padre, se retiró a un mundo imaginario donde participaba en el entierro de su padre.

¿Por qué los padres hacen enfadar a sus hijos? No por ser crueles, sino por inexpertos: no son conscientes de que algunas de sus declaraciones son destructivas, y si son punitivos es porque nadie les ha enseñado cómo manejar una situación difícil sin atacar a sus hijos.

Una madre contó lo siguiente: un día su hijo Félix llegó a casa, gritando mientras abría la puerta: «¡Odio a mi maestra! Me gritó delante de mis amigos, dijo que alboroto a la clase hablando, y entonces me castigó haciéndome estar de pie en el pasillo toda la hora. ¡No pienso volver nunca más al cole!».

La rabia del hijo desquició a la madre y ella le espetó lo primero que le vino a la mente: «Tú sabes perfectamente que tienes que obedecer las normas. No puedes hablar cuando quieres, y si no escuchas lo que te dicen te castigarán. Espero que te haya servido de lección».

Después de esa respuesta de su madre a su disgusto, Félix se enfureció también con ella.

Si la madre, por el contrario, hubiera dicho: «¡Qué vergüenza tener que estar de pie en el pasillo! ¡Y qué humillante que te griten delante de tus amigos! No me extraña que estés tan enfadado. A nadie le gusta ser tratado así», *esta respuesta comprensiva, que refleja el disgusto de Félix, habría disminuido su rabia y le habría hecho sentirse comprendido y querido.*

Algunos padres pueden pensar que, al reconocer el disgusto del niño y proporcionarle los primeros auxilios emocionales, le comunican que no les importa su mala conducta. Pero el mal comportamiento de Félix tuvo lugar en la escuela, y su maestra ya trató con él. Lo que el hijo dolido necesitaba de la madre no eran más reprimendas, sino un comentario empático y un corazón comprensivo. Necesitaba ayuda para superar su disgusto. La empatía, la habilidad del padre de entender lo que su hijo está sintiendo, es un ingrediente importante y valioso en la crianza de los hijos.

Recientemente, en una tienda de electrónica, el dueño me dijo:

«Yo le oí hablar sobre la disciplina y no estoy de acuerdo con usted».

Me mostró la mano. «Esta es mi psicología», dijo con orgullo.

Yo le pregunté si aplicaba el mismo «método de la mano» para arreglar un ordenador, un estéreo o un televisor. «Claro que no –contestó–. Para eso se necesita habilidad y conocimiento. Estos son instrumentos complejos.»

Los niños también necesitan padres con habilidad y conocimiento, que entiendan que el «método de la mano» es tan inútil para ellos como lo es para un ordenador; no permite lograr su propósito. Ningún niño se dice, después de ser castigado: «Voy a mejorar, voy a ser más responsable, más colaborador, porque quiero complacer a este adulto castigador».

La disciplina, como la cirugía, requiere precisión; ni incisiones negligentes, ni ataques desconsiderados. Una madre describe un disparate común, que subraya nuestro reto: «Me he dado cuenta de una paradoja personal: a menudo empleo tácticas similares a aquellas que intento erradicar en mis hijos. Levanto la voz para acabar con el ruido, empleo fuerza para detener peleas, soy brusca con un niño maleducado y degradante con un niño malhablado».

La mala conducta y el castigo no son opuestos que se anulan uno al otro; al contrario, se reproducen y se refuerzan entre sí. El castigo no detiene la mala conducta, sino que impulsa al ofensor a ser más hábil para no ser descubierto. *Cuando los niños son castigados se empeñan en ser más listos, no más obedientes ni más responsables.*

LA INCERTIDUMBRE PATERNA: LA NECESIDAD DE MEJORES SISTEMAS

¿Cuál es la diferencia entre nuestro enfoque y el enfoque de generaciones anteriores en cuanto a disciplinar a los niños? Lo que hicieron nuestros padres y abuelos se hizo con autoridad; lo que hacemos nosotros se hace con indecisión. Antes,

incluso cuando se equivocaban, actuaban con confianza. Actualmente, incluso cuando tenemos razón, actuamos con dudas. ¿De dónde viene nuestra vacilación respecto a los niños? Los psicólogos
infantiles nos han advertido sobre las consecuencias costosas de una infancia infeliz, y estamos profundamente preocupados por que podamos perjudicar a nuestros hijos de por vida.

La necesidad de ser querido

*La mayoría de los padres quieren a sus hijos, pero es
importante que no tengan una necesidad urgente de ser
queridos por ellos en cada momento del día.* Aquellos
que necesitan a los niños para encontrar una justificación para su matrimonio o un sentido para sus
vidas están en desventaja. Temerosos de perder el
amor de sus hijos, no se atreven a negarles nada, ni
siquiera el control de la casa. Los niños se dan
cuenta del hambre de amor que tienen sus padres,
y lo explotan implacablemente. Se convierten en
tiranos mandones de unos criados angustiados.

Muchos niños han aprendido a amenazar a sus
padres con la retirada del amor. Utilizan el chantaje sin reparos, diciendo: «No te querré si...». La tragedia no estriba en la amenaza del niño, sino en el
hecho de que los padres se sienten amenazados.
Algunos padres quedan realmente afectados por
las palabras del hijo: lloran y le imploran que siga
queriéndoles, e intentan aplacarle siendo demasiado permisivos. Esto resulta destructivo para padres
e hijos.

Una noche, después de cenar, Andrea, de catorce años, pidió permiso para irse a casa de una

amiga a hacer un trabajo. Cuando su padre repitió la norma de la casa, «No se sale si hay clase al día siguiente», Andrea defendió que la visita no era social, sino para hacer deberes. El padre cedió y ella salió, prometiendo volver a casa antes de las diez y media.

Cuando a las diez y media no había vuelto, su padre la llamó por teléfono. «He decidido quedarme toda la noche», le informó Andrea. El padre estaba furioso y, después de un intercambio de palabras, le ordenó volver a casa. No se daba cuenta de que al infringir su propia regla envió un mensaje a su hija: si las reglas pueden no cumplirse, las promesas también. Al día siguiente, Andrea incluso se jactaba ante su padre: «Siempre puedo conseguir que hagas lo que yo quiero. Te puedo convencer de lo que sea».

Este incidente, que realmente era una repetición de muchas otras veces, dejó perplejo al padre. No acababa de entender por qué le era fácil dictar las normas, pero tan difícil hacerlas cumplir. Tenía que reconocer que sí, que Andrea le podía convencer de lo que fuese. Solo fue capaz de decir «no» con convicción cuando comprendió cuánto le dolía sentirse rechazado, cuánto necesitaba sentirse querido por ella.

Permisividad y sobrepermisividad

¿Qué es la permisividad y qué es la sobrepermisividad? *La permisividad es la actitud de aceptar la condición infantil de los niños.* Significa aceptar que «los niños son niños», que una camisa limpia en un niño normal no tardará en ensuciarse, que correr en lugar de caminar es el medio de locomoción normal del niño, que un árbol sirve para trepar, y que un espejo sirve para hacer muecas.

Lo esencial de la permisividad es la aceptación de los niños como personas que tienen el derecho de tener todo tipo de sentimientos y deseos. La libertad de desear es absoluta y sin restricción; todos los sentimientos y fantasías, todos los pensamientos y deseos, todos los sueños y anhelos, sean de lo que sean, se aceptan, se respetan y pueden expresarse de manera apropiada.

Los peces nadan, los pájaros vuelan y las personas sienten. Los niños no son responsables de lo que sienten, pero sí son responsables de la forma en que lo expresan, por tanto *no se les puede culpar por sus sentimientos, sólo por su conducta.* La conducta destructiva no está permititida; cuando se produce, los padres intervienen y la canalizan hacia vías de desahogo verbales y otros cauces de tipo simbólico.

Las vías simbólicas de desahogo permitidas pueden ser, por ejemplo, hacer dibujos «antipáticos», dar la vuelta a la manzana corriendo, grabar los rencores en una cinta, componer poemas mordaces o escribir relatos de asesinatos, etcétera. En pocas palabras, la permisividad es la aceptación de la conducta imaginaria y simbólica. *La sobrepermisividad es el hecho de permitir actos indeseables. La permisividad y la aceptación de todos los sentimientos producen confianza y una capacidad creciente de expresar sentimientos y pensamientos. La sobrepermisividad produce ansiedad y unas demandas crecientes de privilegios que no se pueden conceder.*

Permitir sentimientos pero limitar actos

La piedra angular de este tipo de disciplina es la distinción entre deseos, sentimientos y actos. *Ponemos unos límites sobre los actos; no restringimos ni los deseos ni los sentimientos.*

La mayoría de los problemas de disciplina consisten en sentimientos y actos de enfado. Cada parte ha de ser tratada de forma diferente. Los sentimientos deben ser identificados y procesados; los actos deben ser limitados y reorientados. A veces, la simple identificación de los sentimientos del niño puede ser suficiente para calmar el ambiente:

Madre: Parece que estás enfadado hoy.
Ramón: ¡Ya lo creo!
Madre: Te sientes algo antipático por dentro.
Ramón: ¡Tú dirás!
Madre: Estás enfadado con alguien.
Ramón: Sí. Tú.
Madre: ¿Y si me lo cuentas?
Ramón: A mí no me llevaste al partido, pero a Esteban, sí.
Madre: Eso te hizo enfadar. Supongo que te dijiste: «Ella le quiere más a él que a mí».
Ramón: Sí.
Madre: A veces realmente piensas así.
Ramón: Pues sí.
Madre: Vamos, cariño, cuando te sientas así, ven a decírmelo.

En otros momentos, hay que poner límites. Cuando Margarita, de cuatro años, quería cortar la cola de su gato para ver «lo que hay dentro», su padre admitió su curiosidad científica, pero limitó su acción claramente: «Sé que quieres ver cómo es por dentro, pero la cola tiene que quedarse donde está. Veamos si podemos encontrar un dibujo para mostrarte cómo es por dentro».

Cuando una madre encontró a su hijo Manuel, de cinco años, dibujando en la pared del salón, su primera reacción fue la de querer darle cuatro bofetadas, pero el niño estaba tan asustado que no podía pegarle. En cambio dijo: «No, Manuel, las paredes no son para dibujar, pero el papel sí. Aquí tienes tres hojas de papel», y se puso a limpiar la pared. Manuel estaba tan asombrado que dijo: «Te quiero, mamá».

Contrastemos esto con el manejo de una situación similar en otra casa: «¿Qué estás haciendo? Pero ¿qué te pasa? ¿No sabes que no se dibuja en las paredes? No sé qué hacer contigo».

Enfoques útiles e inútiles de la disciplina

Hay una inmensa diferencia entre los enfoques útiles de la disciplina y los inútiles. Para disciplinar a los niños, los padres a veces detienen los actos indeseables, pero *ignoran los impulsos que provocan estos actos.*

Las restricciones se fijan en medio de discusiones acaloradas y son a menudo incoherentes, inconsecuentes e insultantes. Además, la disciplina se administra en momentos en que los niños están menos receptivos para escuchar, y con palabras que muy probablemente despertarán la resistencia. La mayoría de las veces, los niños se quedan con la impresión funesta de que no solo se han criticado sus actos específicos, sino que además *no son buenas personas*.

En los enfoques útiles, cuando disciplinamos a nuestros hijos nos concentramos en ayudarles en *su conducta y sus sentimientos*. Los padres permiten a los hijos hablar sobre lo que sienten, pero limitan y controlan los actos indeseables. Los límites se fijan de forma que se conserva el amor propio tanto de padres como de hijos; no son ni arbitrarios ni caprichosos, sino educativos y constructivos para el carácter. Las restricciones se aplican sin violencia ni enfado excesivo. El resentimiento del niño por las restricciones se prevé y se entiende; *no son castigados adicionalmente por protestar por las prohibiciones*. La disciplina, empleada así, puede producir la aceptación voluntaria por parte de los niños de la necesidad de inhibir y cambiar alguna conducta. En este sentido, la disciplina paterna puede en un futuro llevar a la *autodisciplina*. Al identificarse con sus padres y los valores que ellos personifican, los niños adquieren normas internas para su autorregulación.

TRES ZONAS DE DISCIPLINA: FOMENTAR, PERMITIR Y PROHIBIR

Los niños necesitan una definición clara de conducta aceptable e inaceptable. Se sienten más seguros cuando conocen las fronteras de la acción permisible. Nosotros clasificamos la conducta de los niños en tres áreas distintas:

La *primera* área consiste en una conducta *deseada y sancionada*, el área donde nuestro «sí» se da libre y graciosamente. La *segunda* es la conducta *no sancionada pero tolerada por razones específicas,* que pueden ser:

1. *Flexibilidad para aprendices.* Un conductor en prácticas no es multado cuando indica un giro a la derecha y gira a la izquierda. Tales errores se toleran en espera de mejoras futuras.

2. *Flexibilidad en tiempos duros.* Las situaciones de tensión especial –accidentes, enfermedad, cambio de barrio, separación de los amigos, muerte o divorcio en la familia– requieren una tolerancia adicional que concedemos debido a nuestra comprensión de que se está pasando por una etapa difícil y se requieren adaptaciones nuevas. No fingimos que nos gusta esa conducta. De hecho, nuestras actitudes comunican que solo se tolera debido a unas circunstancias excepcionales.

La *tercera* área es la conducta que *no puede tolerarse en absoluto y debe detenerse.* Se trata de aquella que pone en peligro la salud y el bienestar de la familia o su seguridad física y financiera. También incluye la conducta prohibida por la ley, la ética o la aceptabilidad social. *Es tan importante prohibir en el área tercera como lo es permitir en la primera.*

Una joven llegó a la conclusión de que su padre no tenía estándares correctos porque le permitía quedar con amigos por la noche. Otro muchacho perdió el respeto a sus padres porque no detuvieron el juego salvaje de sus amigos mientras casi demolían su taller.

Los jóvenes tienen dificultades genuinas para abordar sus impulsos socialmente inaceptables. Los padres deben ser aliados en la lucha de sus hijos por el control de tales impulsos; al poner límites, el padre ofrece ayuda al hijo. Además de detener la conducta peligrosa, el límite también comunica un mensaje mudo: *no debes tener miedo de tus impulsos. No dejaré que te pases. No hay peligro.*

Técnicas para poner límites

A la hora de poner límites –como en toda educación– el producto depende del proceso. Un límite debe definirse de manera que comunique claramente al niño: a) *lo que constituye una conducta inaceptable; b) qué sustitución se aceptará.* No puedes tirar platos; puedes tirar cojines. O, de forma menos personal pero más eficaz: los platos no son para tirar; las almohadas son para tirar. A tu hermano no se le empuja; el patinete sí se empuja. Es preferible que un límite sea total en lugar de parcial: existe una clara diferencia, por ejemplo, entre salpicar y no salpicar de agua a tu hermana. Un límite que declara: «Puedes salpicarla un poco, con tal de que no la mojes demasiado» es buscar un diluvio de problemas. Una frase tan vaga deja al niño sin una base clara para tomar decisiones. Un límite debe declararse firmemente para que lleve un solo mensaje al niño: «Esta prohibición es real. Te lo digo en serio».

Cuando los padres no están seguros de qué hacer, es mejor que no hagan nada más que pensar y clarificar sus propias actitudes. Al establecer los límites, el padre ambiguo se perderá en discusiones que pueden ser interminables. Las restricciones invocadas con titubeos y torpeza se convierten en un desafío para los niños y provocan duelos de voluntades que nadie puede ganar.

Un límite debe declararse de una forma calculada intencionadamente para minimizar el resentimiento y para salvar el amor propio. El proceso mismo de poner límites, de decir «no», debe comunicar *autoridad, no insultar;* debe tratar un hecho concreto, no un historial sobre el desarrollo. Lo siguiente es una ilustración de una práctica indeseable:

Ana, de ocho años, fue con su madre a unos grandes almacenes. Mientras su madre compraba, ella daba vueltas entre los juguetes y escogió tres. Cuando su madre regresó, Ana preguntó confiadamente: «¿Qué juguetes puedo llevar a casa?». La madre, que acababa de gastar mucho dinero en un vestido que no le convencía demasiado, dijo bruscamente: «¿Más juguetes? Ya tienes tantos que no sabes qué hacer con ellos. Todo lo que ves, lo quieres. Es hora de que aprendas a refrenar tu apetito».

Momentos más tarde, la madre, comprendiendo la fuente de su rabia súbita, intentó apaciguar a su hija y sobornarla con un helado. Pero la mirada triste de Ana no se alegró.

Cuando una niña pide algo que tenemos que negarle, podemos concederle por lo menos la satisfacción de tener ese deseo, *darle por lo menos en la fantasía lo que no podemos satisfacer en la realidad.* Es una forma menos hiriente de decir «no». Por ejemplo, la madre podría haber dicho: «Te gustaría poder llevarte unos juguetes a casa».

Ana: ¿Puedo?
Madre: ¿Qué te parece?

Ana: ¡Supongo que no! ¿Por qué no? ¡De verdad quiero un juguete!

Madre: Pero puedes tener un globo o un helado. Escoge lo que prefieres.

Quizá Ana elegiría, o quizá lloraría. En cualquier caso la madre se plantaría en su decisión y en las opciones ofrecidas. Podría mostrar de nuevo su comprensión, reflejando el deseo de su hija de comprar un juguete, pero el límite se mantendría: «Te gustaría poder tener por lo menos uno de esos juguetes. Te haría mucha ilusión. Tu llanto me dice cuánto quieres el juguete. ¡Cómo me gustaría poder comprártelo hoy!».

Cuando una hija anuncia que no quiere ir a la escuela, en lugar de insistir: «Tienes que ir, todos los niños tienen que ir a la escuela, es la ley. No quiero que me llamen para saber qué te pasa», una respuesta más afectuosa *concedería el deseo por lo menos en la fantasía*: «Te encantaría no tener que ir a la escuela hoy. Quisieras que en vez de ser lunes fuera sábado y pudieras ir a jugar con tus amigos. Te apetecería dormir un rato más. Ya lo sé. ¿Qué quieres para desayunar?».

¿Por qué es menos hiriente conceder en la fantasía que denegar? Porque la respuesta detallada de la madre muestra que ella entiende *lo que siente* su hija. Cuando somos comprendidos, nos sentimos queridos. ¿Cómo se sentiría usted si estuviera mirando un vestido bonito y caro en el escaparate de una tienda elegante y su pareja la mirara y dijera: «¿Qué te pasa? ¿Qué miras? Ya sabes que tenemos problemas de dinero. De ninguna manera podríamos comprar algo tan caro»? Este tipo de comentarios es poco probable que generen sentimientos cariñosos. Sólo le harían sentirse enfadada y deprimida.

Pero ¿qué pasaría si reconociera su deseo y dijera: «Ay, cariño, cómo me gustaría que pudiéramos permitirnos el lujo de comprar ese vestido tan bonito. Te puedo imaginar con tus alhajas preferidas y una capa de terciopelo. ¡Qué guapa estarías! Me sentiría orgulloso de ser tu acompañante en cualquier fiesta de gala»?

Ni una respuesta ni la otra, desgraciadamente, le conseguirían el vestido. Pero la segunda por lo menos no hace daño, no causa resentimiento, y tiene, por tanto, más probabilidades de fortalecer los sentimientos amorosos.

Hace muchos años visité una escuela de primaria en un pueblo de los inuit, en Alaska, donde entretuve a los niños tocando la armónica. Cuando terminé, un niño se acercó y me dijo: «Quiero su armónica». Podría haberle contestado: «No, no puedo darte la armónica. Es la única que tengo, y la necesito. Además, me la dio mi hermano». El niño se habría sentido rechazado y el ambiente festivo se habría estropeado. En cambio le concedí en la fantasía lo que no podía darle en la realidad diciendo: «¡Cómo me gustaría tener una armónica para darte!». Entonces otro niño hizo la misma demanda y le contesté: «¡Cómo me gustaría tener dos armónicas para regalar!». Uno por uno, los 26 niños se acercaron y yo simplemente iba sumando números, acabando con esta frase: «¡Cómo me gustaría tener 26 armónicas, una para cada uno de vosotros!». Se convirtió en un juego divertido para todos.

Después de escribir esta anécdota en mi columna, el editor de una revista me escribió: «Ahora, cuando tengo que rechazar un artículo, empiezo con la siguiente frase: "¡Cómo nos gustaría publicar su artículo!"».

Maneras diferentes de expresar límites específicos

Hay maneras de expresar límites que provocan resistencia y otras que invitan a la cooperación, por ejemplo:

1. Los padres *reconocen el deseo del niño y lo expresan en palabras simples*: «Quisieras poder ir al cine esta noche».

2. Los padres *declaran claramente los límites de una situación específica*: «Pero la norma en nuestra casa es "No hay cine durante la semana"».

3. Los padres *señalan maneras en que el deseo puede ser al menos parcialmente satisfecho*: «Puedes ir al cine el viernes o el sábado por la noche».

4. Los padres *ayudan al niño a expresar el resentimiento* que probablemente experimenta cuando las restricciones se imponen, y entonces se compadecen:

«Queda claro que no te gusta la norma.»
«Te gustaría que no hubiera tal norma.»
«Te gustaría que la norma fuera: "Todas las noches son noches de cine".»
«Cuando seas mayor y tengas tu propia casa, cambiarás esta norma, seguro.»

No siempre es necesario, o factible, expresar el límite de esta forma. A veces es necesario declarar el límite primero y reflejar los sentimientos después. Cuando un niño está a punto de tirar una piedra a su hermana, la madre debe decir: «¡A ella no, al muro!». Hará bien en desviar al niño señalando en dirección al muro. Entonces puede tratar los sentimientos y sugerir algunas formas inocuas de expresarlos:

«Puedes enfadarte tanto como quieras con tu hermana.»

«Puedes estar furioso. Por dentro, puedes odiarla, pero no se hace daño.»

«Si quieres, puedes tirar piedras al muro.»

«Si quieres, puedes decirme o mostrarme lo enfadado que estás.»

Los límites deben expresarse en un lenguaje que no desafíe el amor propio del niño; *los límites se siguen mejor cuando son declarados de manera sucinta y de forma impersonal.* «No hay cine durante la semana» despierta menos resentimiento que «Sabes que no puedes ir al cine durante la semana». «Es hora de ir a la cama» se acepta más fácilmente que «Eres demasiado joven para estar despierto hasta tan tarde. Acuéstate». «Se acabó la tele por hoy» es mejor que «Has visto suficiente tele hoy, apágala». «En casa no nos gritamos el uno al otro» se obedece más voluntariamente que «Deja de gritarle».

Se aceptan los límites de mejor gana cuando señalan la función de un objeto: «La silla sirve para sentarse, no para estar de pie encima» es mejor que «No te pongas de pie en la silla»; «Los cubos son para jugar, no para tirar» es mejor que «No tires los cubos» o «Lo siento, no puedo permitir que tires los cubos; es demasiado peligroso».

Los niños necesitan válvulas de escape saludables para su energía

Muchos problemas de disciplina surgen de la restricción de actividades físicas. Por ejemplo:

«No corras... ¿no sabes caminar como un niño normal?»
«No saltes por todas partes.»
«Siéntate bien.»
«¿Por qué te apoyas sobre un pie cuando sabes que tienes dos?»
«Te caerás y te romperás una pierna.»

Las actividades motrices de los niños no deben sobrerrestringirse. Para su buena salud mental y física, los niños necesitan correr, saltar, trepar, brincar, etcétera. La preocupación de los adultos por la salud del mobiliario es comprensible, pero no debe desbancar a la preocupación por la salud de los niños. La inhibición de la actividad física en los niños pequeños produce tensión emocional, que luego puede llevar a la agresión.

Organizar un ambiente conveniente para la descarga directa de energía con actividades físicas, es una condición primordial –pero frecuentemente pasada por alto– para la buena disciplina de los niños y para una vida más fácil de los padres. Los niños necesitan el juego activo. Existen muchas oportunidades de actividades físicas para los niños: jugar a pelota, saltar a la comba, correr, nadar, patinar sobre hielo, jugar a fútbol, hacer gimnasia, patinar sobre ruedas, ir en bicicleta. Los centros educativos son más conscientes hoy en día de la necesidad de los niños de ser físicamente activos, y por tanto ofrecen deportes organizados durante y después de las clases, además de un programa serio de educación física.

La aplicación clara de la disciplina

Cuando las ideas de un padre sobre una restricción son cristalinas y la restricción se expresa en un lenguaje inofensivo, el niño normalmente se conformará. Pero, de vez en cuando, infringirá una regla. La cuestión es: ¿qué debe hacerse cuando un niño viola una restricción declarada? El proceso educativo requiere que el padre cumpla su papel de adulto amable, pero firmemente. En su reacción frente a un niño que traspasa un límite, el padre *no debe caer en argumentos y detalles*, ni dejarse involucrar en discusiones sobre la justicia o injusticia del límite, ni tampoco dar largas explicaciones. Es innecesario explicar a un niño por qué no debe pegar a su hermana, más allá de decir que «a las personas no se les hace daño», o a una niña por qué no debe romper la ventana, más allá de decir que «las ventanas no están hechas para romperlas».

Cuando excede un límite, la ansiedad del niño o la niña aumenta porque espera represalias y castigos. El padre no necesita aumentar la ansiedad del niño en ese momento. *Si los padres hablan dema-*

siado, comunican debilidad en un momento en que tienen que comunicar fortaleza. Es en momentos como estos cuando el niño necesita que un aliado, adulto, le ayude a controlar los impulsos sin desprestigiarse. El ejemplo siguiente ilustra un enfoque inútil de los límites:

Madre: Veo que no estarás satisfecho hasta que me oigas gritar. De acuerdo. *(Chillando.)* ¡Para! Si tiras algo más, ¡haré algo drástico!

En lugar de usar amenazas y promesas, esta madre podría haber expresado su auténtica rabia con más eficacia:

«¡Ver eso me da mucha rabia!»
«¡Esto me hace enfadar!»
«¡Me siento furiosa!»
«¡Estas cosas no son para tirarlas! ¡La pelota es para tirarla!»

Al aplicar un límite, el padre debe tener cuidado de no iniciar un duelo de voluntades. En este ejemplo, Margarita, de cinco años, y su padre están disfrutando de una tarde en el parque:

Margarita (en los columpios): Me gusta estar aquí. No me voy a casa ahora. Voy a quedarme una hora más.
Padre: Tú dices eso, pero yo digo que no.

Una declaración como esta puede producir uno de dos resultados, ambos indeseables: derrota para el niño o derrota para el padre. Un enfoque mejor es *centrar la atención en el deseo del niño* de quedarse en el parque, en lugar de centrarse en su amenaza de desafiar la autoridad. Por ejemplo, el padre podría decir: «Veo que te gusta estar aquí. Supongo que te gustaría quedarte mucho más tiempo, incluso diez horas más, pero es hora de ir a casa».

Si, después de un par de minutos, Margarita todavía persiste, su padre puede tomarla de la mano o puede cogerla en brazos y llevarla fuera del parque. Con los niños pequeños, frecuentemente y como dice el refrán «obras son amores, y no buenas razones».

A los padres no se les pega

No se debe permitir nunca que los niños peguen a sus padres. Los ataques físicos son tan perjudiciales para los niños como para los padres. Hacen que los niños sientan ansiedad y temor de represalias, y que los padres sientan rabia y odio. La prohibición de pegar es necesaria para ahorrarle al niño culpabilidad y angustia y para permitir a los padres seguir siendo emocionalmente hospitalarios con sus hijos.

De vez en cuando, uno presencia escenas degradantes en que una madre, para evitar, por ejemplo, una patada en la espinilla, sugiere al niño que le pegue en la mano. «Puedes pegarme un poquito, pero no debes hacerme daño», rogó una madre de unos treinta años a su hijo de cuatro, tendiendo su brazo hacia él. Uno está tentado de intervenir y decir: «No lo haga, señora. Es perjudicial para el niño permitirle pegar a su madre». La madre debería haber detenido el ataque del niño en el acto: «No se pega. No te puedo permitir nunca hacer eso» o «Si estás enfadado, explícamelo con palabras».

La restricción de pegar a un padre no se debe modificar bajo ninguna circunstancia. La educación eficaz se basa en el respeto mutuo entre padres e hijos *sin que los padres abdiquen de su papel de adulto*. Al decirle a un niño pequeño que puede «pegar pero no hacer daño», la madre le está pidiendo que haga una distinción demasiado fina. Es un reto irresistible para él poner la prohibición a prueba y averiguar la diferencia entre pegar en broma y hacer daño en serio.

A los niños no se les pega

El azote en las nalgas, aunque mal visto, todavía es practicado por algunos padres. Normalmente se aplica en la educación del niño como último recurso cuando las armas más convencionales de amenazas y razonamientos han fallado. Normalmente no se planifica, sino que se produce en un estallido de rabia cuando los padres han alcanzado el límite de su paciencia. De momento, el azote parece funcionar: disipa la tensión reprimida del padre y hace que el niño obedezca por lo menos durante un rato. Y, como dicen algunos padres, «relaja el ambiente».

Si azotar resulta tan eficaz, ¿por qué nos deja tan intranquilos? Por alguna razón no podemos acallar nuestras dudas interiores sobre los efectos a largo plazo del castigo físico. Nos sentimos un poco avergonzados por el uso de la fuerza y nos decimos: «Debe de haber una forma mejor de resolver los problemas.»

¿Qué pasa si pierdes la paciencia y pegas a un niño? La mayoría de los padres lo hacen alguna vez. «Hay momentos en que estoy tan furiosa con mi hijo, que podría matarlo –dijo una madre–. Cuando tengo que elegir entre matar y dar una bofetada, doy la bofetada. Cuando me tranquilizo, le digo a mi hijo: "Solo soy un ser humano. Puedo soportar tanto y no más. Te pegué, pero va en contra de mis valores. Cuando me siento empujada más allá del límite de mi paciencia, hago cosas que no me gustan, así que no me empujes".»

Pegar a los niños debería ser tan inaceptable como los accidentes de coche; sin embargo, los accidentes de coche ocurren. Pero un permiso de conducir no da permiso por adelantado para tener accidentes. No dice: «Seguramente tendrá algún accidente, por tanto conduzca como quiera»; al contrario, se nos advierte que conduzcamos con mucho cuidado. Pegar a los niños tampoco debe ser un método prescrito para disciplinarlos, aunque el azote accidental no siempre puede evitarse.

Es casi imposible criar a los niños sin pegarles de vez en cuando, pero no hemos de planificarlo. No debemos considerar el castigo físico como una respuesta a la provocación de nuestros hijos o a nuestra propia irritación. ¿Por qué no? Por la lección que da: enseña a los niños unos métodos indeseables de tratar con la frustración. Les dice de una forma elocuente: «Cuando estés enfadado o frustrado, no busques soluciones, pega. Eso es lo que hacen tus padres». En lugar de mostrar nuestro ingenio para encontrar desahogos civilizados, damos a nuestros hijos no solo un modelo de agresividad, sino también autorización para pegar. La mayoría de los padres se molestan cuando ven a sus hijos mayores pegar a sus hermanos pequeños, sin darse cuenta de que cuando ellos azotan a los pequeños dan permiso a los hermanos mayores para hacer lo mismo.

Un padre de una estatura de metro ochenta vio a su hijo de ocho años pegar a su hermana de cuatro. Se enfureció y empezó a pegarle mientras le amonestaba: «Esto te enseñará a no pegar a alguien más pequeño que tú». Una noche Andrea, de siete años, y su padre estaban viendo la televisión. Andrea se estaba chupando los dedos, haciendo un ruido desconcertante. Su padre se molestó y dijo: «Por favor, para. Me molesta este ruido que haces». Nada. Repitió su petición. Hizo caso omiso. Después de la cuarta vez, se puso furioso y la pegó. Ella se puso a llorar y a pegar a su padre, lo que le enojó aún más: «¡Cómo te atreves a pegar a tu padre! –gritó–. Vete ahora mismo a tu habitación.» Cuando ella se negó, él la llevó, y ella siguió llorando mientras la televisión resonaba y nadie la miraba.

Andrea no podía entender por qué está permitido que un hombre grande pegue a una niña *pequeña*, pero está prohibido que ella pegue a alguien *mayor* que ella. Este episodio la dejó con la impresión clara de que solo se puede pegar con impunidad a alguien más pequeño.

El padre, evidentemente, podría haber empleado un modo más eficaz de conseguir la cooperación de su hija. En lugar de esperar hasta el momento en que ya no podía controlar su rabia, podría haberle dicho: «Andrea, *puedes elegir*: puedes quedarte aquí y dejar de chuparte los dedos, o puedes irte a otra habitación y continuar disfrutando chupándotelos. Decide tú».

Uno de los peores efectos secundarios del castigo físico es que puede interferir en el desarrollo de la conciencia del niño. *El azote alivia la culpa demasiado fácilmente:* el niño, habiendo pagado por su mala conducta, se siente libre para repetirla. Los niños desarrollan lo que puede llamarse una contabilidad de la mala conducta: pueden portarse mal y entrar en deuda, y pagarla en azotes a plazos semanales o mensuales. Periódicamente provocan unos azotes, incitando a sus padres. A veces simplemente piden el castigo o se castigan ellos mismos.

A Luisa, de cuatro años, la llevaron a la consulta porque se arrancaba el pelo mientras dormía. Su madre reveló que cuando se enfadaba con su hija la amenazaba: «Estoy tan enfadada contigo que tengo ganas de arrancarte todo el pelo». Luisa, que debía de sentirse lo suficientemente mala como para merecer semejante castigo cruel, complacía a su madre, dormida.

Un niño que pide el castigo necesita ayuda para manejar la culpa y la rabia, no aceptación de su demanda. No es una tarea fácil, pero en algunas situaciones, la culpa y la rabia pueden ser reducidas al discutir las fechorías abiertamente. *Cuando al niño se le ofrecen formas mejores de expresar su culpa y su rabia, y cuando los padres aprenden formas mejores de*

*establecer e imponer los límites, la necesidad del castigo
físico disminuye.*

Al mostrar comprensión con las múltiples percepciones de nuestros hijos, los preparamos para
llegar a ser emocionalmente inteligentes. Al establecer e imponer, con respeto, los límites a sus
actos inaceptables, los preparamos para cumplir las
normas del mundo social.

CAPÍTULO 6

PATERNIDAD POSITIVA:
UN DÍA EN LA VIDA DE UN NIÑO

La civilización ha dado a los padres el papel de negadores que deben decir «no» a muchos de los grandes placeres del niño pequeño: no chuparse el dedo, no tocarse el pene, no hurgarse la nariz, no jugar con la tierra y no hacer ruido. Para los pequeños, la civilización es fría y cruel: en lugar de un pecho mullido, ofrece una taza dura; en lugar del alivio instantáneo y pañales limpios, ofrece un retrete frío y la necesidad de controlarse.

Algunas restricciones son inevitables si el niño ha de convertirse en un ser social. Sin embargo, los padres tampoco deben exagerar su papel de guardia de la civilización si no quieren, con ello, provocar resentimiento, resistencia y hostilidad, que podrían evitarse.

EMPEZAR CON BUEN PIE

No deben ser los padres los que despierten a sus hijos para ir al colegio cada mañana. Los niños se molestan con los padres que perturban su descanso e interrumpen sus sueños. Sienten pavor por el momento en que los padres entran en su habitación y levantan las mantas, cantando alegremente «¡Levántate y espabila!». Es mejor para todos que los niños se levanten con un despertador, en lugar de ser despertados por una «madre despertadora» o un «padre despertador».

A Emilia, de ocho años, le costaba levantarse por la mañana. Todos los días intentaba quedarse en la cama unos interminables minutos más. Su madre a veces era agradable con ella y a veces no, pero Emilia siempre persistía: lenta en levantarse, desagradable en el desayuno e impuntual para llegar a la escuela. Las discusiones diarias dejaban a su madre cansada y resentida.

La situación mejoró drásticamente cuando la madre le hizo un regalo inesperado: un despertador. En la caja había una nota: «Para Emilia, que no le gusta que la despierten demasiado temprano. Ahora puedes despertarte sola. Un beso, mamá». Emilia estaba sorprendida y encantada. Dijo: «¿Cómo sabías que no me gusta que nadie me despierte?». Su madre sonrió y dijo: «Lo deduje». Cuando el despertador sonó a la mañana siguiente, le dijo: «Es temprano todavía, cariño. ¿Por qué no duermes otro ratito más?». Emilia saltó de la cama diciendo: «No, que llegaré tarde al colegio».

A un niño que no puede levantarse fácilmente no se le debe llamar perezoso; y el niño que no se levanta y espabila al instante no debe etiquetarse de gruñón. *A los niños a quienes les cuesta ser vivaces y animados por la mañana no hay que ponerles en ridículo.* En lugar de entablar batalla con ellos, es mejor dejarles disfrutar de otros diez minutos dorados de sueño o ensueños. Esto puede lograrse programando el despertador para que suene más temprano. Nuestras declaraciones deben comunicar empatía y entendimiento:

«Te cuesta levantarte esta mañana.»
«Qué gusto quedarte en la cama a soñar.»
«Tómate cinco minutos más.»

Frases como estas alegran la mañana; crean un ambiente cálido e íntimo. En contraste, las siguientes declaraciones de enfado o desdén generan un ambiente frío y tormentoso:

«¡Levántate, perezosa!»
«Sal de la cama ahora mismo.»
«¡Dios mío! Pareces un lirón.»

Es igualmente contraproducente preocuparse por su salud: «¿Por qué todavía estás en la cama? ¿Estás enfermo? ¿Te duele algo? ¿Tienes dolor de estómago? ¿Dolor de cabeza? Déjame mirarte la lengua». Todo esto sugiere al niño que para recibir ternura hay que estar enfermo. Los niños también pueden pensar que defraudarán a sus padres si niegan tener alguno de los males tan gentilmente presentados, y pueden sentirse obligados a fingir que se encuentran mal.

LA TIRANÍA DE LOS HORARIOS: LA HORA PUNTA

Cuando se les apremia, los niños se toman su tiempo. La mayoría a menudo se resisten al «¡Date prisa!» con una obvia huelga de celo. Lo que parece ineficacia en ellos es, en realidad, un arma muy eficaz contra la tiranía de unos horarios que no son suyos.

Raras veces es aconsejable decirles a los niños que se den prisa. Por el contrario, hay que darles unos *límites de tiempo realistas*, y dejar para ellos el reto de estar listos a tiempo:

«El autocar estará aquí en diez minutos.»
«La película empieza a la una. Ahora son las doce y media.»
«La cena se servirá a las siete. Ahora son las seis y media.»
«Tu amigo llegará en quince minutos.»

La intención de nuestra breve declaración es comunicar al niño que esperamos, y damos por descontado, que será puntual. A veces las perspectivas positivas pueden ayudar. Por ejemplo, podríamos ofrecer que «en cuanto estés listo para ir al colegio, puedes mirar los dibujos animados hasta la hora de irnos».

EL DESAYUNO: COMER
SIN MORALEJAS

El desayuno no es un buen momento para instruir al niño en filosofías universales, principios morales o buenos modales. Es un rato apropiado para que los padres preparen comida nutritiva mientras ayudan a sus hijos a llegar puntuales al colegio.

En general, el desayuno es un momento difícil del día. A menudo, o los padres o los niños tienen sueño y están de mal humor, y las discusiones pueden degenerar fácilmente en recriminaciones e imputaciones, como ilustra este ejemplo:

> *Diana (revolviendo en el frigorífico, descartando una cosa tras otra):* ¿Qué hay para desayunar? Nunca hay nada para comer en esta casa, nunca me compras nada que me guste.
> *Madre (disgustada y a la defensiva):* ¿Cómo que nunca te compro nada que te guste? Te compro todo lo que te gusta..., eres tú quien no decide qué comer. Ahora quiero que te sientes y comas lo que tienes delante ¡y luego al colegio!

La conducta de Diana provocó el enfado de su madre, quien entonces respondió a su hija haciéndola enfadar todavía más, y ambas se fueron al trabajo y al colegio de mal humor.

Es importante no permitir que un hijo decida la reacción o el humor del padre. En lugar de contraatacar, la madre de Diana podría haber *reconocido* su queja y así asegurar una mañana agradable.

> *Madre:* Parece que no encuentras nada apetecible esta mañana.
> *Diana:* No hay nada que me guste. Y no tengo mucha hambre. Tomaré un plátano.

Otra madre contó: «En el pasado, los incidentes insignificantes se convertían en sucesos traumáticos para mí y para mis hijos. El famoso grano de arena se convertía en montaña varias veces al día, pero ahora he aprendido a entender los mensajes de mis hijos y responderles de forma simpática, tal como hice hace unos días durante el desayuno cuando mi hija, Ramona, de cinco años, se negó a comer el desayuno y se quejó».

Ramona: Mis dientes están cansados. Tienen mucho sueño.

En lugar de ridiculizarla, su madre *reconoció* su queja.

Madre: Ay, tus dientes todavía no se han despertado.
Ramona: No, y este diente está teniendo una pesadilla.
Madre: Déjame ver. Ah, cariño, es que el diente está suelto.
Ramona: ¿Caerá dentro de los cereales?

Cuando su madre la tranquilizó diciéndole que todavía no estaba tan suelto, Ramona cogió la cuchara y empezó a comer los cereales.

El padre de Pablo, de diez años, explicó la siguiente anécdota: «Mi primera reacción ante cualquier desgracia es una respuesta desmedida que prepara el ambiente para más conflicto. Entonces intento apagar el fuego que he encendido, como un hombre listo que sabe salir de un agujero donde un hombre sabio nunca se habría metido. Recientemente, he decidido comportarme más como un hombre sabio que como uno listo. En lugar de culpar a mis hijos cuando se meten en un lío, les ofrezco ayuda, como hice hace poco. A mi hijo le gusta preparar su propio desayuno. Una mañana le oí lloriqueando en la cocina. Se estaba preparando unos huevos, y uno se había caído al suelo. En lugar de gritar: "¡Mira lo que has hecho! ¡Qué porquería! ¿Por qué no tienes más cuidado?", dije: "Tú te levantaste calladito, te preparaste esos huevos tan apetitosos, y tuviste la mala suerte de que uno se cayó así por las buenas"».

Pablo (mansamente): Sí.
Padre: Y tienes hambre.
Pablo (más animado): Pero queda uno en el plato.
Padre: Mientras te comes este, te prepararé otro.

LAS QUEJAS: TRATAR CON LA DESILUSIÓN

Los padres se enfrentan continuamente con las quejas de sus hijos, que normalmente les producen enfado. Para que el enfado no vaya en aumento y se convierta en riña por vía de contraquejas y defensas, *necesitan aprender a responder a las quejas, reconociéndolas.* Por ejemplo:

Sonia: Nunca me compras nada.
Madre: ¿Hay algo que te gustaría que te comprase? (*No:* ¿Cómo puedes decir eso después de toda la ropa que te compré justo la semana pasada? Nunca agradeces nada de lo que hago por ti. ¡Ese es tu problema!)

Julián: Estoy harto. Nunca me llevas a ninguna parte.

Padre: ¿Adónde quieres ir? (*No:* ¿Cómo quieres que te lleve a algún sitio, si siempre acabas montando una escena?)

Víctor: Siempre llegas tarde.
Madre: No te gusta tener que esperarme. (*No:* ¿Y tú, acaso nunca llegas tarde? ¿Quieres que te recuerde las veces que te he tenido que esperar yo?)

Celia: No te importa lo que me pasa.
Padre: Te gustaría que yo hubiera estado allí cuando te caíste; cuando me necesitabas. (*No:* ¿Cómo puedes decir eso, después de todo lo que he sacrificado para hacerte feliz?)

«Nunca» y «siempre» son dos de las palabras favoritas para los niños. Viven en un mundo de extremos, pero los padres, que han aprendido que el gris es más común que el blanco y el negro, pueden enseñárselo a sus hijos evitando utilizar esas expresiones.

VESTIRSE: LA BATALLA DEL CORDÓN

En algunos hogares padres e hijos se enredan en una batalla diaria sobre los zapatos. Dice un padre: «Cuando veo a mi hijo con los cordones desatados se me desata la rabia. Quisiera saber si debemos obligarle a atarse los cordones, o simplemente dejar que vaya como quiera. Por lo feliz que pueda estar, ¿no deberíamos enseñarle responsabilidad?». Es mejor no ligar la enseñanza de la responsabilidad con los cordones de los zapatos; es mejor evitar discusiones comprándole al niño unas bambas sin cordones o, si es pequeño, atándole los cordones nosotros. Puede estar seguro de que *tarde o temprano el niño aprenderá a mantener los cordones atados, a menos que sus compañeros hagan lo contrario.*

Los niños no deben ir a la escuela vestidos con su ropa más cara. No tienen por qué preocuparse por mantener la ropa limpia. La libertad del niño para correr, saltar o jugar con una pelota debe tener prioridad sobre la pulcritud de su apariencia. Cuando una niña vuelve del colegio con la blusa sucia, el padre podría decir: «Sí que has hecho cosas hoy. Si te quieres cambiar tienes otra blusa en el armario». No sirve de nada decirle que es desaliñada, que está sucia y que estamos hartos de lavar y planchar sus blusas. *Un enfoque realista no debe basarse en la capacidad del niño de anteponer el aseo personal al juego.* Al contrario, acepta que la ropa de los niños no tardará mucho en ensuciarse. Una docena de camisas baratas de quita y pon contribuirán más a la salud mental que doce sermones sobre la limpieza.

IR AL COLEGIO: AYUDAR ES MEJOR QUE SERMONEAR

Es de esperar que, entre las prisas matinales, un niño pueda olvidar unos libros, las gafas, el desayuno o el almuerzo. Es mejor darle lo que falta sin agregar sermones sobre el despiste y la falta de responsabilidad.

«Aquí tienes las gafas» es más útil para el niño que «Quisiera que algún día te acordaras de tus gafas». «Toma, la comida» se agradece mucho más que la pregunta sarcástica «¿Y qué comerás al mediodía?».

El niño no debe recibir una lista de amonestaciones y advertencias antes de ir al colegio. «Que tengas un día agradable» es mejor frase de despedida que la advertencia general «Ten cuidado con lo que haces y no te metas en líos». «Te veré a las dos» es más instructivo que «No te vayas por ahí después del colegio».

EL REGRESO A CASA: OFRECER UNA BIENVENIDA CALUROSA

Es deseable que un padre, u otro adulto afectuoso, esté en casa para recibir a los niños cuando regresan de la escuela. En lugar de hacer preguntas que obtienen respuestas gastadas –«¿Qué tal el cole?», «Bien»; o «¿Qué hiciste hoy?», «Nada»–, un padre puede *hacer comentarios que comuniquen comprensión de las tribulaciones de la escuela:*

> «Tienes cara de haber tenido un día difícil.»
> «Apuesto a que tenías ganas de que llegara la hora de salir.»
> «Pareces contenta de estar en casa.»

En la mayoría de las situaciones las declaraciones son preferibles a las preguntas.

Con un número creciente de familias de padres separados y madres que trabajan, muchos niños ya no encuentran a un familiar en casa para recibirlos personalmente, pero una nota escrita o un *e-mail* afectuoso puede mitigar la ausencia de los padres.

Algunos padres de niños en edad escolar utilizan las cartas y notas para fortalecer la relación con sus hijos. Les resulta más fácil expresar el aprecio y el cariño por escrito. Algunos padres dejan mensajes en una cinta o un vídeo, y el niño puede escuchar las palabras de sus padres una y otra vez. Tales mensajes fomentan la comunicación significativa entre padres e hijos y disminuyen la soledad que los niños experimentan al llegar de la escuela a una casa vacía.

EL REGRESO AL HOGAR:
RECONECTAR AL FINAL DEL DÍA

Cuando los padres que trabajan vuelven a casa por la noche, necesitan un rato tranquilo de transición entre las demandas del mundo exterior y las demandas de la familia. Ni madre ni padre deben ser recibidos a la puerta con un bombardeo de quejas y demandas o con un diluvio de peticiones y recriminaciones. Un rato de «no preguntar» crea un oasis de tranquilidad que aumenta apreciablemente la calidad de vida familiar. A partir de una edad temprana, los niños tienen que aprender que cuando los padres agobiados llegan a casa del trabajo, necesitan un período corto de calma y consuelo. La cena, en cambio, debe ser un tiempo de conversación. *El énfasis debe ponerse menos en la comida y más en motivos de reflexión.* Debe haber pocos comentarios sobre cómo y qué come el niño, *pocas lecciones disciplinarias*, y muchos ejemplos del venerable arte de la conversación.

Algunos padres se turnan en llevar a uno de los niños a un restaurante de su elección para tener un rato a solas. Mientras come una hamburguesa o una pizza, el niño, disponiendo de la atención total de la madre o el padre, puede compartir sus preocupaciones.

LA HORA DE ACOSTARSE:
GUERRA O PAZ

En muchas casas la hora de acostarse es la hora del pandemónium, con los niños y los padres formando una sociedad de frustración mutua. Los niños intentan quedarse despiertos hasta tan tarde como pueden, mientras que los padres los quieren dormidos cuanto antes. Las noches se convierten en regaños por parte de los padres y en evasiones tácticas por parte de los niños.

Los más pequeños necesitan que la madre o el padre les arrope en la cama. *La hora de acostarse puede servir para tener conversaciones íntimas con cada niño*. Entonces los niños empiezan a esperar con ganas la hora de acostarse. Les gusta tener «tiempo juntos a solas» con su madre o su padre. Si los padres ponen especial cuidado en escuchar, el niño aprenderá a compartir sus temores, esperanzas y deseos. Estos contactos íntimos sosiegan la inquietud de los niños y les arrullan en dulces sueños.

A algunos niños un poco más mayores también les gusta ser arropados en la cama. Su deseo debe respetarse y cumplirse. No deben ser ridiculizados o criticados por querer lo que a los padres les parece «cosa de bebés». La hora de acostarse para los niños mayores debe ser flexible: «La hora de acostarse es entre las nueve y las diez (o las diez y las once). Tú decides cuándo quieres acostarte».

La distribución del tiempo está fijada por los padres. La hora específica dentro de ese horario se deja a la elección del niño.

Es mejor no entrar en una lucha cuando un niño dice que «se olvidó» de ir al baño o cuando una niña dice que quiere un vaso de agua. Sin embargo, a un niño que sigue llamando a los padres desde su habitación hay que decirle: «Sé que quisieras que me quedara más rato contigo, pero ahora es el rato que mamá y papá tienen para estar juntos»; o «Estaría muy bien poder charlar un poco más contigo, pero ahora yo también he de irme a la cama».

EL DERECHO PATERNO: NO SE REQUIERE PERMISO DE DIVERSIÓN

En algunos hogares, los niños tienen el poder de veto sobre las idas y venidas de sus padres: los padres tienen que obtener permiso de sus varios hijos para salir por la noche; algunos padres evitan ir al cine o al teatro debido a la batalla que les espera en casa.

Los padres no necesitan ni permiso ni acuerdo de sus hijos en cuanto a cómo vivir sus vidas. Si un niño llora porque sus padres salen por la noche, no hay que negar su miedo, pero tampoco hay que cumplir su deseo. Podemos entender y simpatizar con el deseo de no ser dejado con un canguro, pero no hay ninguna necesidad de comprar al niño un permiso de diversión. A un niño lloroso debemos decirle con empatía: «Sé que quieres que no salgamos esta noche. A veces, cuando no estamos aquí, te asustas. Quisieras que nos quedáramos aquí contigo, pero esta noche tu madre y yo nos vamos a ver una película (o visitar a unos amigos, o cenar, o bailar)».

El contenido de las objeciones, los ruegos o las amenazas del niño pueden pasarse por alto. Nuestra respuesta debe ser en todo momento firme y amigable: «Quisieras que yo pudiera quedarme contigo, pero me gustaría que entendieras que es mi tiempo para salir».

LA TELEVISIÓN: LOS DESNUDOS Y LOS MUERTOS

Ninguna discusión sobre la jornada de un niño estaría completa sin estimar la influencia de la televisión sobre los valores y la conducta. A los niños les gusta ver la tele y jugar con juegos de ordenador. Muchos prefieren estas actividades a leer, escuchar música o mantener una conversación. Para las empresas anunciantes, los niños son un público perfecto: son sugestionables y se creen los anuncios, aprenden las cancioncillas absurdas con una facilidad asombrosa, y les encanta fastidiar a sus padres con los eslóganes tontos. Además, exigen muy poco de los programas: no hace falta ninguna originalidad, no es necesario ningún arte, y los héroes peludos o de plástico les absorben; así, durante horas y horas, día tras día, los niños son expuestos a violencia y asesinatos entremezclados con cancioncillas y anuncios.

Los padres tienen dos puntos de vista sobre la televisión. Les gusta porque mantiene a los niños ocupados y tranquilos, pero les preocupa por el posible daño que les puede hacer.

La televisión puede fomentar la violencia, trivializar las relaciones, apoyar los estereotipos y minar el comportamiento prosocial. Además, consume una parte importante del día de un niño. El niño pasa más tiempo con la tele que con su padre o madre. *Aunque las escenas de sexo y brutalidad no fueran más que una diversión inocente, apartan a los niños de actividades más constructivas.* Tal como ha observado un psicólogo conocido, mientras miran la televisión las personas no tienen aquellas experiencias óptimas de intercambio e interrelación. La situación óptima para el crecimiento es cuando «las habilidades de una persona están totalmente involucradas en superar un desafío que es casi manejable» (Csikszentmihalyi, 1998, pág. 30). Para los niños, esto podría consistir en escribir poemas o historias cortas, hacer una escultura de barro o construir un castillo con cubos. Podría implicar hacer teatro con los hermanos o inventar aventuras con un amigo. El crecimiento y la satisfacción tienen más probabilidades de salir del esfuerzo canalizado que del mirar atontado.

En algunas familias los niños solo pueden ver la televisión una hora al día. En otras, se les permiten ciertas horas y programas, seleccionados con la aprobación de los padres. Estos creen que la televisión, como la medicación, debe tomarse en momentos prescritos y en las dosis correctas.

Dos pediatras distinguidos han hecho una recomendación específica: «En los primeros tres años, no debe pasarse más de media hora al día viendo la tele. Después de los tres años, una media hora adicional de televisión u ordenador podría compartirse con uno de los padres» (Brazelton y Greenspan, 2000, pág. 49).

Un número creciente de padres creen que la elección de programas no puede dejarse totalmente a los niños. No están dispuestos a permitir que unos personajes cuestionables influyan en sus hijos en su propia casa. Los padres que quieren proteger a sus hijos de la exposición a dosis diarias de sexo sórdido y violencia viva, pueden ahora instalar un «sistema de supervisión paterna» en el televisor y el ordenador. Aunque los niños no deben ser protegidos de toda tragedia, sí se han de proteger de entretenimientos en que la brutalidad humana no es una tragedia, sino una fórmula.

No basta con que los padres supervisen la cantidad y naturaleza del consumo de los medios de comunicación por parte de sus hijos. Los padres pueden abrirles las puertas al aprendizaje, y beneficiarles a través de las relaciones saludables, el juego feliz y una serie de aficiones que proporcionen satisfacción.

CAPÍTULO 7

LOS CELOS:
LA TRADICIÓN TRÁGICA

Los celos entre hermanos, como se puede comprobar, tienen una tradición antigua y trágica. El primer asesinato registrado en el Antiguo Testamento fue el de Abel por parte de su hermano, Caín. El motivo fue la rivalidad entre hermanos. Jacob solo escapó de la muerte a manos de su hermano, Esaú, marchándose de casa y escondiéndose en un país extranjero. Y los hijos de Jacob tenían tanta envidia de su hermano pequeño, José, que le tiraron a un pozo antes de cambiar su pena de muerte en esclavitud de por vida, y venderle a una caravana en el desierto.

¿Qué nos dice la Biblia sobre la naturaleza y el origen de los celos? En cada uno de estos casos, los celos brotaron a causa del favoritismo de una figura paterna por uno de los hijos. Caín mató a su hermano cuando Dios favoreció el regalo de Abel, en lugar del suyo. Esaú se puso celoso porque su madre mostró un trato preferente por Jacob ayudándole a recibir las bendiciones de su padre. Y José sufrió la envidia de sus hermanos porque su padre le amaba más; le regaló un abrigo multicolor y no lo corrigió cuando se complacía en una jactancia descarada.

Estas historias bíblicas de envidia y venganza muestran que los celos han sido un problema para padres e hijos desde tiempo inmemorial. Sin embargo, ahora podemos aprender cómo minimizar los celos en nuestros hijos.

EL ACONTECIMIENTO NO-TAN-FELIZ: LOS HERMANOS LO SIENTEN COMO UNA INTRUSIÓN

En contraste con sus padres, los niños no cuestionan la existencia de los celos en la familia. Han conocido desde hace mucho su significado e impacto. A pesar del cuidado con que hayan sido preparados, la llegada de un nuevo bebé trae celos y dolor. Ninguna explicación puede preparar a una *prima donna* para compartir los focos con una figura emergente. *Los celos, la envidia y la rivalidad inevitablemente aparecerán*. La falta de anticipación o la sorpresa por su aparición denotan una ignorancia ciega.

La llegada de un segundo bebé es una crisis de primer orden en la vida de un niño pequeño, cuyas órbitas espaciales han cambiado de repente y necesita ayuda para orientarse y navegar. Para ayudar en lugar de ser meramente sentimentales, tenemos que conocer los verdaderos sentimientos del niño.

Al anunciar el feliz acontecimiento a un niño pequeño, es mejor evitar explicaciones largas y expectativas falsas, como: «Te queremos tanto y eres tan maravilloso que papá y mamá hemos decidido tener otro bebé igual que tú. Le querrás muchísimo. Será tu bebé, también. Estarás orgulloso del bebé, y siempre tendrás a alguien con quien jugar».

Esta explicación no parece ni honesta ni convincente. Es más lógico que el niño concluya: «Si me quisieran de verdad, no buscarían otro niño. No soy suficientemente bueno, así que quieren cambiarme por un nuevo modelo».

¿Cómo se sentiría cualquier mujer si su marido llegara a casa un día y anunciara: «Cariño, te amo tanto y eres tan maravillosa que he decidido traer a otra mujer a vivir con nosotros. Ella te ayudará con el trabajo de casa y ya no te sentirás tan sola mientras yo estoy trabajando. Después de todo, tengo más que suficiente amor para dos mujeres»? No creo que ella estuviera muy contenta con semejante plan. Se preguntaría por qué ella no basta, y por qué él cree que a ella le haría ilusión compartirle con otra mujer. Es más probable aún que se sintiera celosa y rechazada.

Duele tener que compartir el amor de un padre o de un cónyuge. En la experiencia de un niño, compartir quiere decir tener menos, como compartir una manzana o un chicle. La idea de compartir un padre ya es bastante preocupante, pero nuestra expectativa de que el niño estará encantado con el recién llegado va más allá de toda lógica. A medida que avanza el embarazo, las sospechas parecen más válidas. La niña se da cuenta de que aunque el bebé no ha llegado todavía, ya tiene bien ocupados a los padres: la madre está menos disponible, puede estar enferma y en cama, o cansada y descansando. El niño angustiado ni siquiera puede sentarse en su regazo, porque está ocupado por un intruso, escondido pero siempre presente. El padre está más pendiente de la madre y menos disponible para jugar o para otras actividades.

EL REGRESO A CASA: PRESENTAR AL INTRUSO

La llegada de un bebé puede anunciarse sin pompa ni fanfarria a un niño pequeño. Es suficiente decir: «Vamos a tener un nuevo bebé en nuestra familia». A pesar de las reacciones inmediatas del niño, sabremos que tendrá muchas preguntas calladas en su cabeza y muchas preocupaciones no expresadas en su corazón. Afortunadamente, como padres, estamos bien situados para ayudar a nuestros hijos a sobrevivir a estos momentos de crisis. *Nada puede cambiar el hecho de que un nuevo bebé es una amenaza para la seguridad de un niño.* En el caso de un primer hijo también es una amenaza para su singularidad. Es especialmente doloroso para un niño primogénito, cuya experiencia no incluye haber compartido a sus padres. Como la única niña de los ojos de sus padres, no debe estar demasiado contento con la llegada del nuevo bebé, que implica el final de su estancia en el Edén.

Sin embargo, si el carácter del niño se refuerza o se tuerce por el estrés y la tensión de la crisis, depende de nuestra sabiduría y habilidad.

El ejemplo siguiente ilustra una forma positiva de introducir a un futuro hermano.

Cuando Virginia, de cinco años, descubrió que su madre estaba embarazada, reaccionó con gran alegría. Pintó la vida con un hermano de color de rosa. La madre, en lugar de fomentar esta visión unilateral de la vida, dijo: «A veces será divertido, pero a veces será un problema: llorará y será una molestia para todos. Mojará la cuna y ensuciará los pañales. Tendré que lavarle, darle de comer y cuidar de él. Quizá te sentirás apartada. Tal vez te sientas celosa. Incluso podrías pensar: "Ya no me quiere mamá, quiere al bebé". Cuando pienses así, no te olvides de venir a decírmelo, y te daré cariño extra especial, así que no tendrás que preocuparte. Sabrás que te quiero».

Algunos padres no están muy convencidos en emplear este tipo de enfoque. Temen meter «ideas peligrosas» en la cabeza del niño. Estos padres pueden estar seguros de que ese tipo de ideas no son nuevas para el niño. Nuestra declaración refleja comprensión de los sentimientos. Inmuniza contra la culpa e invita a la intimidad y la comunicación. Un niño forzosamente sentirá rabia y resentimiento por el nuevo bebé. *Es mejor que se sienta libre de expresarnos su angustia abiertamente, en lugar de consumirse en silencio.*

EXPRESAR LOS CELOS: LAS PALABRAS SON MEJORES QUE LOS SÍNTOMAS

El diálogo siguiente ilustra el modo en que una madre ayudó a su hijo Javier, de tres años, a expresar su disgusto sobre la llegada del nuevo bebé. El bebé se esperaba que naciera en el plazo de tres semanas. Un día Javier se echó a llorar desconsoladamente:

Javier: No quiero al bebé en casa. No quiero que juegues con él ni que le quieras, y papá tampoco.

Madre: Estás disgustado por el bebé. Te gustaría que no hubiera ningún bebé.

Javier: Sí, solo quiero mamá, papá y Javier.

Madre: Te da rabia solo pensar en el bebé.

Javier: Sí, me cogerá todos los juguetes.

Madre: Incluso estás un poco asustado.

Javier: Sí.

Madre: Estás pensando: mamá y papá no me querrán tanto y no tendrán tanto tiempo para mí.

Javier: Sí.

Madre: Pues Javier, recuerda que tú siempre serás el único Javier que tenemos y eso te hace muy especial. Y el amor que sentimos por ti nunca lo sentiremos por nadie más.

Javier: ¿Ni por el bebé?

Madre: Ni el bebé puede llevarse nuestro amor por ti. Cariño, en cualquier momento en que te sientas triste y enfadado, ven a decírmelo y te daré cariño extra especial.

Cuando llegó el bebé, Javier expresó su resentimiento apretándolo, dándole tirones en los pies, siendo rudo con él. La madre le advirtió: «Al bebé no hay que hacerle daño, pero puedes hacer un dibujo de él y entonces cortar el dibujo en trozos, si quieres».

Cuando los niños reprimen sus celos, estos salen, de manera enmascarada, a través de síntomas y mal comportamiento. Así que, cuando los niños tienen resentimientos hacia sus hermanos, pero se les prohíbe expresarlos, pueden, por ejemplo, soñar que han arrojado al pequeño por la ventana. Los soñadores pueden asustarse tanto que se despiertan gritando. Incluso pueden correr a la cama de su hermano para asegurarse de que todavía está allí. Pueden mostrarse tan encantados de encontrarlos a salvo que los padres pueden confundir el alivio con el amor. Las pesadillas son la forma que tiene el niño de decir, en imágenes, lo que teme decir en palabras. Es mejor que los niños expresen los celos y la rabia en palabras que en sueños aterradores.

Poco después del nacimiento de una hermana, Carlos, de cinco años, tuvo una serie súbita de ataques asmáticos. Sus padres pensaban que Carlos era muy protector con su hermana y que «la quería a más no poder» (quizá «a más no poder» fue una descripción más que apropiada). El médico no podía encontrar ninguna base física para el asma que padecía Carlos y le derivó a una clínica de salud mental donde podría aprender a expresar los celos y la rabia con palabras en lugar de con resuellos. Algunos niños manifiestan sus celos a través de ataques de tos o irritaciones de la piel, no con palabras. Otros se orinan en la cama, expresando con un órgano lo que deberían poder expresar con otro. Algunos se vuelven destructivos: rompen las cosas en lugar de expresar sus resentimientos. Otros se muerden las uñas o se tiran del pelo como encubrimiento de su deseo de morder y hacer daño a sus hermanos. Todos estos niños necesitan, sin lugar a dudas, verbalizar sus sentimientos en lugar de sintomatizarlos. *Los padres están en una posición privilegiada para ayudar a sus hijos a descubrir sus sentimientos.*

Las múltiples caras de los celos

Para estar en terreno seguro, los padres deben asumir que los celos existen en sus propios hijos, aunque no sean visibles para el ojo inexperto. Los celos tienen muchas caras y muchos disfraces: pueden manifestarse en una competitividad constante o evitando toda competición, en una popularidad insistente o manteniéndose siempre en un segundo plano, en una generosidad temeraria o una codicia despiadada. Los frutos amargos de las rivalidades infantiles no resueltas nos rodean en la vida adulta. Pueden verse en la rivalidad irracional de la persona que se mete en una carrera perpetua con todos los coches en la carretera, o que no puede perder un partido de tenis con dignidad, o que siempre está dispuesto a apostar vida y fortuna para demostrar que está en lo cierto, o que necesita contribuir más que otros aun cuando es más de lo que se puede permitir. También pueden verse en la persona que huye de toda competición, que se siente derrotado antes de que empiece una lucha, que siempre se queda en un segundo plano, que no defiende ni sus derechos legítimos. Por tanto la rivalidad entre hermanos afecta a la vida del niño más de lo que pueden llegar a imaginar la mayoría de los padres. Puede marcar indeleblemente la personalidad y también torcer el carácter. Puede convertirse en tema principal de una vida problemática.

Los orígenes de los celos

Los celos de un niño pequeño provienen del deseo de ser el «único amor» de sus padres. Este deseo es tan posesivo que no tolera ningún rival. Cuando llegan hermanos, el niño compite con ellos por el amor exclusivo de ambos padres. La competencia puede ser abierta u oculta, según las actitudes de los padres hacia los celos. Algunos padres sienten tanta rabia por la rivalidad fraterna que castigan cualquier signo manifiesto de ella. Otros, llegan a hacer malabarismos para evitar causar celos. Intentan convencer a sus hijos de que todos ellos son igualmente queridos y por consiguiente no hay ninguna razón para sentir celos. Los regalos, las alabanzas, las vacaciones, los favores, la ropa y la comida son medidos y proporcionados con igualdad y justicia para todos, pero ninguno de estos dos enfoques aporta alivio para la envidia. *Ni castigar por igual ni alabar por igual pueden apagar el deseo del amor exclusivo.* Como este deseo no se puede satisfacer, los celos nunca pueden evitarse del todo. Que la llama de los celos vacile sin peligro o resplandezca peligrosamente depende de nuestras actitudes y nuestros actos.

Tratar con los celos: palabras y actitudes que representan una diferencia

Bajo condiciones normales, las diferencias de edad y de sexo pueden causar celos entre hermanos. Se envidia al hermano mayor porque tiene más privilegios y mayor independencia, a la pequeña porque se la protege más. Una joven envidia a su hermano porque parece tener más libertad. Un muchacho envidia a su hermana porque parece recibir una atención especial. El peligro se desarrolla cuando los padres, por sus propias necesidades, dan preferencia a las diferencias de sexo. La niña preferida se convierte en víctima cuando los padres, como demuestra esta historia, la colman de afecto y regalos. A estos padres no solo se les notaba demasiado su preferencia por una niña muy esperada después de tener varios niños, sino que además insistieron en que los mayores fuesen responsables de su hermanita. Culpando a su hermana de tener privilegios especiales, en lugar de a sus padres por favorecerla, los chicos le hicieron la vida imposible. Los celos no resueltos de sus hermanos no solo envenenaron su infancia, sino que también les privaron de una relación cariñosa entre hermanos en la madurez.

Cuando los padres prefieren la indefensión de un bebé a la independencia de un niño de seis años, o viceversa, los celos se intensifican. Lo mismo ocurre si un niño es sobrevalorado por su sexo, su belleza, su inteligencia, sus dotes musicales o sus habilidades sociales. *Una mayor dotación natural puede causar envidia, pero es la sobreestimación paterna de un rasgo o un talento lo que lleva a la rivalidad implacable entre los niños.*

No sugerimos que se trate por igual a mayores y pequeños. Al contrario, la edad debe traer nuevos privilegios y nuevas responsabilidades. Un niño mayor tendrá, lógicamente, una paga semanal mayor, una hora de acostarse más flexible y más libertad para quedar con amigos que un niño más pequeño. Estos privilegios se conceden abierta y gratuitamente para que todos los niños tengan ilusión por hacerse mayores.

El niño pequeño puede envidiar el privilegio del mayor. Podemos ayudarle a tratar con los sentimientos, no explicando los hechos, sino entendiendo las emociones:

«Tú también quisieras acostarte más tarde.»
«Te gustaría ser mayor.»
«Quisieras tener no seis años, sino nueve.»
«Lo sé, pero tu hora de acostarte es ahora.»

Los padres también pueden provocar ataques de celos inconscientemente al exigir que un niño haga sacrificios por otro: «El bebé necesita tu cuna». «Lo siento. No podemos comprarte unos patines nuevos este año. Con el bebé, necesitamos más dinero.»

El peligro es que el niño pueda sentirse privado no solo de posesiones, sino también de afecto. Por consiguiente, tales demandas deben ser acolchadas con afecto y aprecio.

PALABRAS DE COMPRENSIÓN: CÓMO TRASPASAR LOS CELOS

Los muy pequeños expresan sus celos sin diplomacia: preguntan si los bebés se mueren alguna vez, sugieren que «aquello» se puede devolver al hospital o tirarlo a la basura. Los más emprendedores incluso pueden montar operaciones militares contra el invasor. Pueden atormentarlo sin piedad, o abrazarlo cual boa, y empujar, pegar o pellizcar siempre que pueden. En los casos extremos, un hermano celoso puede causar un daño irreversible.

Como padres, no podemos permitirle a un niño o una niña intimidar a ninguno de sus hermanos. Los ataques sádicos, tanto físicos como verbales, deben detenerse porque perjudican a ambos, víctima y matón. Y ambos necesitan nuestra fuerza y cuidado. Afortunadamente, *para proteger la seguridad física de los más pequeños, no es necesario atacar la seguridad emocional de los más mayores.*

Cuando se pesca a un niño de tres años atormentando al bebé, se le debe parar rápidamente y declarar abiertamente los motivos:

«No te gusta el bebé.»
«Estás enfadada con él.»
«Muéstrame lo enfadada que estás. Yo te miraré.»

Hay que darle una muñeca grande o un papel y rotuladores. Entonces puede sermonear a la muñeca o hacer trazos enfadados. No le sugeriremos qué hacer. Nuestro papel es observar con ojos neutros y responder con palabras comprensivas; no nos asustaremos por la ferocidad de sus sentimientos. Los sentimientos son honestos y el ataque es inocuo. Es mejor que el enojo se ventile simbólicamente contra un objeto inanimado que directamente contra un bebé vivo o sintomáticamente contra sí mismo. Nuestros comentarios deben ser breves:

«¡Me estás mostrando tu rabia!»

«Ahora mamá sabe.»
«Cuando te enfades, ven a decírmelo.»

Este enfoque es más eficaz para reducir los celos que el castigo o el insulto. En contraste, el siguiente acercamiento no sirve de nada. Cuando una madre encontró a su hijo Alfonso, de cuatro años, arrastrando a su hermanito por los pies, explotó: «¿Qué es lo que te ocurre? ¿Quieres matarle? ¿Quieres matar a tu propio hermano? ¿No sabes que le puedes lisiar de por vida? ¿Quieres que sea un minusválido? ¿Cuántas veces te he dicho que no lo saques de la cuna? No lo toques, no lo toques más, ¡nunca!». Semejante reacción intensificará el resentimiento de Alfonso. ¿Qué sería útil? «Los bebés no son para hacerles daño. Aquí tienes el muñeco, cariño. Lo puedes arrastrar tanto como quieras».

Los niños mayores también deben hacer frente a sus celos. Con ellos es posible conversar más abiertamente:

«Es evidente que no te gusta el bebé.»
«Te gustaría que no estuviese aquí.»
«Te gustaría ser la única.»
«Quisieras tenerme para ti sola.»
«Te pones de malhumor cuando me ves ocupándome de ella.»
«Quieres que me ocupe de ti.»
«Estabas tan enfadado que pegaste al bebé. No puedo permitirte nunca que le hagas daño, pero puedes decírmelo cuando te sientas olvidado.»

«Cuando te sientas sola, estaré más tiempo contigo, para que no te sientas tan sola por dentro.»

CALIDAD O IGUALDAD: AMAR SINGULARMENTE, NO UNIFORMEMENTE

Los padres que quieren ser absolutamente justos con cada uno de sus hijos, a menudo acaban furiosos con todos. No hay nada tan contraproducente como una justicia medida. Cuando una madre no puede dar una manzana más grande o un abrazo más fuerte a un hijo por miedo de suscitar el antagonismo del otro, la vida se vuelve insoportable. El esfuerzo de medir la generosidad emocional o material puede fatigar y enfadar a cualquiera. Los niños no anhelan porciones iguales de amor: *necesitan ser amados singularmente, no uniformemente.* El énfasis ha de estar en la calidad, no en la igualdad.

No queremos a todos nuestros hijos de la misma manera, y no hay ninguna necesidad de fingir que así sea. Queremos a cada hijo singularmente, y no hace falta trabajar tanto para ocultarlo. Cuanto más procuramos prevenir una discriminación aparente, más alerta están los niños en detectar casos de desigualdad.

Inconscientemente y de mala gana, nos encontramos a la defensiva contra el grito de combate universal del niño: «No es justo».

No nos dejemos engañar por la propaganda del niño. No aleguemos circunstancias atenuantes, ni proclamemos nuestra inocencia, ni tampoco refutemos sus cargos. Resistamos la tentación de explicar la situación o defender nuestra posición. No nos dejemos implicar en discusiones interminables sobre la justicia o injusticia de nuestras decisiones. Y sobre todo, no nos dejemos presionar para que racionemos o dividamos nuestro amor por causa de la justicia.

Comuniquemos a cada niño la singularidad de nuestra relación, no su justicia o igualdad. Cuando pasamos unos momentos o unas horas con uno de nuestros hijos, *estemos totalmente con ese niño*. Durante ese tiempo, dejemos al niño sentirse nuestro único hijo y a la niña sentirse nuestra única hija. Cuando salgamos con un niño, no nos mostremos preocupados por los demás; no hablemos de ellos ni tampoco les compremos regalos. Para que el momento sea memorable, nuestra atención debe ser total.

Cuando se reconoce el deseo de un niño por nuestro amor absoluto, el niño se tranquiliza. Cuando ese deseo se entiende y se aprecia solidariamente, el niño se consuela. Cuando cada niño es valorado en su singularidad, el niño se fortalece.

EL DIVORCIO Y LAS SEGUNDAS NUPCIAS: OTRA PALESTRA PARA LOS CELOS

Otra forma de celos puede aparecer en los niños de padres divorciados, y puede experimentarla un niño que disfruta de una relación cercana con el progenitor con el que convive. Todo parece ir bien hasta que esa relación afectuosa se ve amenazada por un intruso, en este caso un adulto que toma un interés en el padre o la madre del niño.

No es raro que los niños se sientan inseguros después de que uno de los padres se haya marchado de casa. Ellos razonan: «Si uno de mis padres puede abandonarme, también puede hacerlo el otro». Como resultado se vuelven muy protectores con aquel con quien se les ha dejado. Vigilan cada movimiento del padre o la madre para asegurarse de que no establezca una relación afectuosa con otro adulto. Ponen trabas a que el padre o la madre salga, cogiendo rabietas cuando habla por teléfono y siendo tan odiosos como pueden cuando la nueva pareja llega de visita. Incluso están dispuestos a no ir a dormir a casa de algún amigo para vigilar al padre o a la madre. Lo último que quieren es compartir a su padre o a su madre con un adulto desconocido.

¿Qué puede hacer una madre o un padre?

Hay que entender el dilema de los hijos, identificarse con los sentimientos conflictivos, y animarles a expresar sus preocupaciones reflejando y reconociendo sus sentimientos:

«Este es un momento difícil para ti. Yo te estoy pidiendo que te adaptes a un nuevo cambio. Primero, tuviste que acostumbrarte a que papá (o mamá) no viva con nosotros y a vivir sólo conmigo. Y ahora te pido que reorganices tu vida para incluir a un extraño que no es tu padre (o madre)».

«Estás preocupada por si me enamoro y dejo de quererte.»

«No quieres que nadie se interponga entre nosotros.»

«Te estás preguntando si yo te dejaría y me marcharía con esta persona.»

«Quisieras que yo no necesitara que me amara nadie más que tú.»

«No quieres compartirme con esta persona desconocida.»

«Quisieras que se marchara y nuestra vida continuara como estaba.»

El amor y la comprensión paternos pueden mitigar los temores de los niños y ayudarles a acostumbrarse al nuevo amor adulto de sus padres.

CAPÍTULO 8

ALGUNAS FUENTES DE ANGUSTIA EN LOS NIÑOS: PROPORCIONAR SEGURIDAD EMOCIONAL

Los padres son conscientes de que cada niño tiene su porción de miedo y de angustia. Sin embargo, la gran mayoría no son conscientes de las fuentes de tal angustia. Frecuentemente preguntan: «¿Por qué es tan temeroso mi hijo?». Un padre incluso llegó a decir a su angustiado hijo: «Déjate de tonterías. ¡Ya sabes que no tienes nada en absoluto que temer!».

Podría ser útil describir algunas de las fuentes de angustia en los niños y ofrecer algunas formas de abordarla.

LA ANGUSTIA POR MIEDO AL ABANDONO: TRANQUILIZAR A TRAVÉS DE LA PREPARACIÓN

El mayor miedo de un niño es ser rechazado y abandonado por los padres. Como dijo John Steinbeck tan dramáticamente en *Al este del Edén*: «El mayor terror que un niño puede tener es el de no ser amado, y el rechazo es el infierno que teme. [...] Y con el rechazo viene la rabia, y con la rabia algún tipo de crimen por venganza. [...] Un niño, sintiendo que se le niega el amor que pide, da patadas al gato y se esconde; otro roba para que el dinero le haga sentirse amado; y un tercero, se empeña en conquistar el mundo... y siempre la culpa y la venganza y más culpa».

A un niño nunca se le debe amenazar con el abandono. Ni en broma ni en un momento de ira debe advertirse a un niño o una niña que se le abandonará. De vez en cuando uno oye por casualidad en la calle o en el supermercado a un padre exasperado chillar a un niño rezagado: «Si no vienes enseguida, te dejaré aquí». Una declaración como esta despertará el miedo persistente al abandono, avivará las llamas de la fantasía de quedarse solo en el mundo. Cuando un niño se entretiene más allá de lo tolerable, es mejor arrastrarle de la mano que amenazarle con palabras.

Algunos niños se asustan si, cuando vuelven de la escuela, no están los padres en casa, aunque sí algún cuidador. Su angustia latente de ser abandonado se despierta momentáneamente. Como ya se ha sugerido, se puede dejar un mensaje explicando el paradero de los padres en la puerta de la nevera, por correo electrónico o grabado en una cinta. Los mensajes grabados son especialmente eficaces para los niños pequeños. La voz calmada de los padres y sus palabras cariñosas les permiten aguantar las separaciones temporales sin angustia excesiva.

Cuando las circunstancias de la vida nos fuerzan a estar separados de nuestros hijos pequeños, la separación debe ir precedida de la preparación. Algunos padres encuentran difícil explicar que estarán fuera para una operación, unas vacaciones o una obligación social. Temiendo la reacción de su hijo, salen furtivamente por la noche o cuando el niño está en el colegio y dejan que un pariente o una canguro explique la situación.

Una madre de gemelos de tres años tenía que operarse. El ambiente en casa era tenso y problemático, pero a los niños no les dijeron nada. La mañana de su ingreso, la madre, con una bolsa de la compra en la mano, dio a entender que iba al supermercado. Salió de casa y no volvió durante tres semanas.

Los niños parecían marchitarse durante ese tiempo. Las explicaciones del padre no servían de consuelo. Se durmieron llorando todas las noches. Durante el día pasaban mucho tiempo en la ventana, preocupados por su madre.

Los niños asumen más fácilmente la tensión de una separación si han sido preparados de antemano. Una preparación coherente requiere mucho más que una simple explicación verbal. Requiere una comunicación en el lenguaje del niño, de juguetes y juegos, un lenguaje que se dirige al corazón infantil.

En otro caso, dos semanas antes de entrar en el hospital, una madre le explicó el acontecimiento a su hija Yolanda, de tres años. Yolanda se interesó poco por el tema, pero la madre no se dejó engañar por esta falta de curiosidad y dijo: «Juguemos a "mamá se va al hospital"». Sacó un juego de muñecos (comprados para la ocasión o hechos con la ayuda de la niña) que representaban a los miembros de la familia, un médico y una enfermera. Mientras manipulaba los muñecos apropiados y hablaba por ellos, la madre dijo: «Mamá va al hospital para curarse. Mamá no estará en casa. Yolanda se pregunta: ¿Dónde está mamá? ¿Dónde está mamá? Pero mamá no está en casa. No está en la cocina, ni en la habitación, ni en el salón. Mamá está en el hospital, para ver a un doctor, para curarse. Yolanda llora: Yo quiero a mi mamá. Yo quiero a mi mamá. Pero mamá está en el hospital para curarse. Mamá quiere a Yolanda, y la echa de menos. La echa de menos todos los días. Piensa en Yolanda y la quiere. Yolanda echa de menos a mamá, también. Entonces mamá vuelve a casa y ¡qué contenta está Yolanda de abrazar y besar a su mamá!».

El drama de la separación y la reunión fue representado por madre e hija una y otra vez. Al principio fue mayoritariamente la madre quien hablaba, pero pronto Yolanda se encargó del diálogo. Utilizando los muñecos apropiados, les dijo a la doctora y a la enfermera que cuidaran de mamá, que la curaran bien y que la enviaran pronto a casa.

Antes de que su madre se marchara, Yolanda le pidió que repitiera el juego una vez más. Yolanda dijo la mayoría del diálogo y acabó su actuación tranquilizando a su madre: «No te preocupes, mamá, yo estaré aquí cuando regreses».

Antes de irse, la madre hizo algunos preparativos más: le presentó a Yolanda a la nueva niñera, puso una fotografía grande de ella y Yolanda en la cómoda, y en una cinta grabó algunos de los cuentos favoritos de su hija para que los escuchara antes de acostarse, así como un mensaje cariñoso.

Durante los inevitables momentos de soledad, la foto de su madre y sus palabras grabadas le aseguraron a Yolanda la proximidad del amor de su madre.

LA ANGUSTIA POR CULPABILIDAD: CON UN POQUITO BASTA

Tanto a sabiendas como inconscientemente, los padres despiertan sentimientos de culpabilidad en los niños. La culpa, como la sal, es un ingrediente útil para condimentar la vida, pero nunca debe convertirse en el plato fuerte. Cuando un niño ha infringido una norma de conducta social o moral, hay lugar para la desaprobación y la culpa. Sin embargo, cuando un niño tiene prohibido tener sentimientos negativos o «pensamientos desagradables», ese niño inevitablemente sentirá demasiada culpa y angustia.

Para prevenir la culpa innecesaria, los padres deben hacer frente a las transgresiones de sus hijos de la misma manera en que un buen mecánico se ocupa de un coche averiado: no avergüenza al dueño; le indica lo que se tiene que reparar. *No echa la culpa a los ruidos, traqueteos o chirridos del coche; los utiliza para el diagnóstico.* Se pregunta: ¿Cuál será la fuente más probable del problema?

Es un gran consuelo para los niños saber interiormente que son realmente libres de pensar lo que quieren sin peligro de perder el amor y la aprobación de sus padres. Cuando hay una discusión, declaraciones como las siguientes ayudan mucho: «Tú sientes de una manera, pero yo de otra. Tenemos ideas diferentes sobre este asunto»; «Tu opinión te parece correcta. Mi opinión es diferente. Respeto tu punto de vista, pero yo tengo otro punto de vista». Inconscientemente, los padres pueden provocar sentimientos de culpabilidad en sus hijos al hablar demasiado y dar explicaciones innecesarias. *Esto es especialmente cierto para los padres que consideran que deben gobernar por mutuo acuerdo, incluso cuando el asunto es complejo y el niño inmaduro.*

Víctor, de cinco años, estaba enfadado con su maestra de parvulario porque había estado enferma durante dos semanas. El día de su regreso, él le agarró el sombrero y salió corriendo al patio. Tanto su madre como su maestra le siguieron.

Maestra: El sombrero es mío y hay que devolverlo.

Madre: Víctor, tú sabes perfectamente bien que el sombrero no es tuyo. Si te quedas el sombrero, la señorita Marta puede coger frío y estar enferma de nuevo. Ha estado enferma, ya sabes, durante dos semanas. Vamos, Víctor, no quieres que tu señorita se ponga enferma otra vez, ¿verdad?

El peligro es que una explicación tan larga puede hacer que Víctor se sienta responsable y culpable de la enfermedad de la maestra. La explicación resultaba irrelevante y perjudicial: lo único que hacía falta en ese momento era recuperar el sombrero. *Más vale un sombrero en la mano que dos explicaciones en el patio.* Quizás luego la maestra pueda hablar con Víctor sobre su rabia por su ausencia, e indicarle formas mejores de hacer frente a sus sentimientos.

LA ANGUSTIA POR DESCONFIANZA O IMPACIENCIA: PROPORCIONAR AL NIÑO ESPACIO PARA CRECER

Cuando a un niño o una niña se le impide participar en actividades y asumir responsabilidades para las que está listo, la reacción interna es de resentimiento y rabia. Los niños pequeños no dominan las técnicas enseguida y con una habilidad perfecta. Tardan mucho en atar los cordones de los zapatos, abrochar los botones del abrigo, ponerse la chaqueta, abrir la tapa de un frasco o girar el pomo de una puerta. *La mejor ayuda que se les puede ofrecer es una espera tolerante y un comentario ligero sobre la dificultad de la tarea.* «No es fácil ponerse una chaqueta». «La tapa de ese frasco es difícil de abrir.»

Este tipo de comentario es útil al niño tanto si sus esfuerzos tienen éxito como si no. Si le sale bien, tiene la satisfacción de saber que conquistó una tarea difícil. *Si falla, está el consuelo de que sus padres sabían que la tarea era difícil.* En cualquier caso, el niño recibe comprensión y apoyo, que luego conducen a una intimidad mayor entre padres e hijos. El fracaso en una tarea no tiene que hacer que el niño se sienta incompetente. *Es esencial que la vida de un niño no se gobierne por la necesidad de eficacia del adulto.* La eficacia es la enemiga de la infancia. Es demasiado costosa en términos de economía emocional del niño. *Agota los recursos del niño, impide el crecimiento, ahoga los intereses y puede llevar a la debacle emocional.* Los niños necesitan oportunidades para experimentar, esforzarse y aprender sin ser apremiados o insultados.

LA ANGUSTIA DEBIDA A LA FRICCIÓN ENTRE LOS PADRES: LA GUERRA CIVIL CON CONSECUENCIAS INCIVILES

Cuando los padres se pelean, los niños se sienten angustiados y culpables: angustiados porque su hogar está amenazado, culpables por su papel real o imaginario en la fricción familiar. Con o sin justificación, los niños piensan a menudo que son ellos la causa de la disputa doméstica. No permanecen neutrales en la guerra civil emprendida por sus padres. Se ponen de parte del padre o de la madre. Las consecuencias son perjudiciales para el desarrollo del carácter. Cuando los padres se sienten forzados a competir por el afecto de sus hijos, frecuentemente emplean medios como el soborno, la lisonja y las mentiras. Los niños crecen con las lealtades divididas y una ambivalencia permanente. Además, la necesidad de proteger a un padre del otro y la oportunidad de enfrentar a un padre contra el otro dejan huellas en el carácter de los niños. Desde una edad temprana, se dan cuenta de su elevado valor para los rivales en la subasta, y se otorgan un precio cada vez más alto. Aprenden a manipular y explotar, a maquinar y chantajear, a espiar y chismorrear. Aprenden a vivir en un mundo donde la integridad es una carga y la honestidad un impedimento.

Los padres pueden manejar sus diferencias en discusiones tranquilas o guardarlas para momentos privados. Aunque sea útil para los niños saber que sus padres tienen diferencias que requieren negociación, no les es útil ser testigos de los ataques mutuos de sus padres.

Esta situación empeora cuando los padres se divorcian y utilizan a los niños como peones en su batalla continua. A menudo se les pide que espíen al otro padre, se les anima a quejarse de ese padre y a mostrar una preferencia. También se les emplea como conducto para transmitir mensajes desagradables. Cuando ocurre eso, la vida ciertamente no mejora para los niños. A menudo tienen que asumir el papel de adulto, asegurando a sus padres que los quieren a los dos.

Para los niños de padres divorciados, la vida ya es suficientemente problemática sin tener que ser sometidos a las desavenencias continuas que llevaron al divorcio. Necesitan que se les asegure que son queridos por ambos padres y que no se les involucrará en sus disputas. *Después de un divorcio, los niños también necesitan tiempo para lamentar la pérdida de su hogar seguro y acostumbrarse a su nueva realidad.*

LA ANGUSTIA POR EL FINAL DE UNA VIDA: UN ENIGMA VELADO DE MISTERIO

Para los adultos, la tragedia de la muerte estriba en su irreversibilidad. La muerte, tan inapelable y eterna, es el final de toda esperanza. Por tanto, la muerte es personalmente inconcebible; no podemos imaginar nuestro propio fin, la disolución de nuestro propio ser. El ser consiste en recuerdos y esperanzas, en un pasado y un futuro, y las personas no pueden verse a sí mismas sin futuro. El consuelo que aporta la fe pertenece precisamente a esta esfera. Le ofrece un futuro a la gente, para que pueda vivir y morir en paz.

Si la muerte es un enigma para los adultos, para los niños es un enigma velado de misterio. Los niños pequeños no pueden comprender que la muerte es permanente; que ni padres ni oraciones pueden devolver a los difuntos. La inutilidad de los deseos mágicos frente a la muerte es un golpe fuerte para los niños. Afecta a su creencia en su propio poder de influir en los acontecimientos a través de los deseos, y les hace sentirse débiles y angustiados. Lo que ven es que, a pesar de las lágrimas y las protestas, una mascota o persona querida ya no está. Por consiguiente, se sienten abandonados y rechazados. Su miedo se refleja en la pregunta frecuente a los padres: «Cuando te hayas muerto, ¿me seguirás queriendo?».

Algunos padres intentan proteger a sus hijos de la experiencia del dolor y pesar inherente a la pérdida de un ser querido. Si se muere un pez tropical o una tortuga, rápidamente lo sustituyen por uno nuevo, esperando que el niño no note la diferencia. Si se muere un gato o un perro, se apresuran a ofrecer un suplente más bonito y más caro al niño apesadumbrado. ¿Qué lecciones aprenden de estas experiencias tempranas de pérdida repentina y reemplazo rápido? Pueden concluir que la pérdida de los seres queridos no es de gran importancia, que el amor puede ser fácilmente transferido y la lealtad fácilmente trasladada.

Los niños (y los adultos) no deben ser privados de su derecho a afligirse y lamentarse. Deben ser libres de sentir pena por la pérdida de alguien querido. La humanidad del niño se fortalece, y su carácter se ennoblece, cuando puede lamentar el final de la vida y del amor. La premisa básica es que no se debe excluir a los niños de compartir las penas tanto como las alegrías que inevitablemente surgen en el curso de la vida familiar. Cuando se produce una muerte y al niño o la niña no se le explica qué pasó, pueden permanecer amortajados en una angustia silenciosa. O pueden llenar la laguna con explicaciones medrosas y confusas. Pueden autoinculparse por la pérdida y sentirse separados no solo de los muertos, sino también de los vivos.

El primer paso para ayudar a los niños a hacer frente a su pérdida es *permitirles expresar plenamente sus temores, fantasías y percepciones.* El compartir las emociones profundas con un oyente cariñoso produce consuelo y alivio. Los padres también pueden verbalizar algunos de los sentimientos que un niño forzosamente tendrá, pero que puede encontrar difíciles de expresar. Por ejemplo, tras la muerte de una abuela querida, un padre podría decir:

«Echas de menos a la abuela.»
«La querías muchísimo. Y ella a ti.»
«Quisieras que ella estuviera con nosotros.»
«Quisieras que todavía estuviera viva.»
«Es duro pensar que se murió.»
«Es duro pensar que ya no está con nosotros.»
«La recuerdas tanto.»
«Te gustaría poder visitarla otra vez.»

Frases como estas comunican a los niños el interés de los padres por sus sentimientos y pensamientos, y los animan a compartir sus temores y fantasías. Pueden querer saber si la muerte duele, si los muertos alguna vez regresan, si ellos y sus padres alguna vez se morirán. Las respuestas deben ser breves y veraces: cuando uno se muere, el cuerpo no siente ningún dolor; una persona muerta no vuelve; todas las personas mueren inevitablemente. Al hablar con los niños sobre la muerte, es mejor evitar los eufemismos. Cuando se le dijo que su abuelo se fue a su sueño eterno, una niña de cuatro años preguntó si se había llevado el pijama. También temía que el abuelo estuviera enfadado porque ella no le había dicho buenas noches antes de acostarse. Cuando se le dijo que «La abuela se ha ido al cielo y se convirtió en un ángel», un niño de cinco años rezó para que el resto de la familia se muriera y también se convirtieran en ángeles.

Cuando a un niño se le explican los hechos sencilla y honestamente, junto con un abrazo afectuoso y una mirada cariñosa, se siente tranquilizado. Este acercamiento es eficaz cuando los padres mismos han aceptado las realidades de la vida y la muerte. En todos los asuntos de importancia, las actitudes, como las obras, son amores, que no buenas razones.

Crecer no es fácil. Es un proceso repleto de pensamientos y sentimientos perturbadores, como la duda, la culpa y sobre todo la angustia. Los niños tienen miedo de ser abandonados, se preocupan por los conflictos de sus padres, y se desconciertan y se angustian por la muerte y el morir. Los padres no pueden eliminar toda la angustia de sus hijos, pero pueden ayudarles a arreglárselas mejor cuando expresan comprensión por su preocupación y cuando les preparan para los acontecimientos perturbadores y angustiosos.

CAPÍTULO 9

EL SEXO Y LOS VALORES HUMANOS: EL MANEJO SENSIBLE DE UN ASUNTO IMPORTANTE

Muchos padres no quieren saber nada de la conducta sexual de sus hijos, y los adolescentes no están impacientes por compartir su vida íntima con sus padres, sobre todo si piensan que sus padres la desaprobarían. Tal como dijo una madre en un taller de padres: «Cuando era joven, quise vivir independiente del juicio moral de mis padres. Hacía el amor sin culpa ni remordimiento. Pero ahora soy madre de una hija adolescente. Intelectualmente, puedo aceptar la idea de que ella tendrá relaciones sexuales, pero no quiero saber nada sobre eso. No quiero ni que me consulte ni que comparta confidencias conmigo».

De hecho, los padres pueden agobiarse tanto por la idea de sus hijos como seres sexuales que pueden permanecer totalmente inconscientes de sus conductas.

Un equipo de investigadores del Centro para la Salud y el Desarrollo Juvenil de la Universidad de Minnesota emitió un informe en septiembre del año 2000 donde se constataba que la mitad de las madres de adolescentes sexualmente activos creen equivocadamente que sus hijos todavía son vírgenes. El doctor Robert Blum, director del centro, dijo que el estudio no examinó por qué tantas madres (no padres, porque bien pocos respondieron) se daban tan poca cuenta de la actividad sexual de sus hijos.

La comunicación entre padres e hijos es efectiva, sobre todo en cuanto a los adolescentes se refiere, solo dentro del contexto de *una relación confiada y afectuosa.* Las personas jóvenes solo hablarán de sus preocupaciones sobre el sexo cuando sientan que pueden acercarse fácilmente a sus padres, y estos *escucharán su punto de vista, sin gritar, criticar o desestimar lo que tienen que decir.* Dice Silvia, de trece años: «No puedo preguntarle nada a mi madre sobre el tema del sexo. Si lo hago, empieza a preguntarse por qué le he preguntado: "¿Para qué quieres saber eso?", pregunta». Julia, de doce años, relata: «Mi madre cree que la ignorancia asegura la inocencia y se enfada cuando le pregunto algo acerca del sexo. Normalmente contesta: "Aprenderás todo lo que necesitas saber cuando seas mayor"».

Hay padres, principalmente de chicos adolescentes, que se sienten cómodos con las relaciones sexuales de sus hijos varones, e incluso las fomentan. Otros, por el contrario, preferirían no ser informados sobre las experiencias sexuales de sus hijos porque no saben responder sin hacerles sentirse culpables o dar su beneplácito a las relaciones prematrimoniales.

El diálogo siguiente muestra cómo el padre de Carlos, a pesar del susto inicial, evitó este dilema.

Carlos, de diecisiete años, llegó a casa tras completar su penúltimo curso en un internado.

Carlos: Tengo una novia estupenda.
Padre: Hum.
Carlos: Me gusta muchísimo. La veré mañana.
Padre: Tienes una cita.
Carlos: La conocí la semana pasada en el colegio. Salió con Lorenzo primero, pero era evidente que yo le gustaba. Me acosté con ella antes de que me gustara de verdad, pero ahora la conozco y me gusta mucho.
Padre (aturdido por el alud de más información de la que tenía ganas de oír): Bueno, Carlos, conociste a una chica que realmente te gusta. ¡Cuánto me alegro!
Carlos: Estuvimos juntos toda la semana pasada y ahora me gusta un montón. Tengo muchísimas ganas de verla de nuevo.
Padre: Parece que la última semana de clase fue muy feliz. Debes de haber tenido muchas experiencias nuevas este curso.
Carlos: Sí, no te puedes imaginar cuánto he aprendido en mis clases de música. No soy el mismo de antes. Supongo que marcharme de casa al internado me ha hecho madurar.

En lugar de sermonear y moralizar, lo que podría haber hecho que su hijo se sintiera culpable, o al menos reacio a volver a confiar en su padre, éste se concentró en el deleite de su hijo con un amor nuevo, y al mismo tiempo le ayudó a verse como una persona en proceso de madurar.

Pero algunos padres, especialmente los religiosos para quienes tener relaciones prematrimoniales es un pecado, creen que hacer que sus hijos se sientan culpables por tener intereses sexuales incluso inocentes, es una manera eficaz de *enseñar valores*.

Sandra, de trece años, sabiendo lo que su madre pensaba sobre cualquier aspecto de la sexualidad, pidió permiso para organizar una fiesta de fin de curso al gusto de sus amigos.

Sandra: ¿Puedo organizar una fiesta de fin de curso?

Madre: Si quieres...

Sandra: ¿Sabes lo que algunos niños hacen en las fiestas? Hacen juegos de besar.

Madre: Ah.

Sandra: Sabes que podría pasar en mi fiesta. ¿Está bien? No sé si lo haremos. Si depende de mí, no, pero puede que sí. ¿Estás de acuerdo?

Madre: Lo tendré que pensar.

Sandra: ¿Sabes que la Biblia aprueba el sexo?

Madre: ¿Para quién?

Sandra: ¿Para maridos y mujeres?

Madre: Claro, para las personas casadas.

Sandra: ¿Y la fiesta? ¿Estás de acuerdo?

Madre: ¿Qué te parece?

Sandra: Me parece que dirás que no, ¿verdad?

Madre: Exactamente.

Sandra: Dime por qué. Solo para saber la razón.

Madre: Pues pienso que a tu edad sois demasiado jóvenes. Besar y amar es para las personas casadas.

Sandra (gimiendo): Sabía que acabarías diciendo algo parecido.

Qué oportunidad perdió la madre para hacer que su hija se sintiera cómoda con su sexualidad naciente. Podría haberle dicho: «Veo que te interesa entender las relaciones románticas, pero no creo que ese juego sea apropiado para alguien de tu edad. Pensemos en algo distinto para que tú y tus amigos disfrutéis». En cambio, le añadió más culpa a una chica ya repleta de ella.

LA SENSUALIDAD DE LOS PADRES

La educación sexual empieza con las actitudes de los padres hacia su propia sensualidad. ¿Les gusta el aspecto, los olores y las sensaciones de su cuerpo?, ¿o piensan que hay algo desagradable en ellos? ¿Se deleitan en su mutua presencia desnuda?, ¿o cierran los ojos y visten sus cuerpos de vergüenza? ¿Tienen alguna aversión especial hacia su propio sexo o el del compañero?, ¿o lo aprecian? ¿Se ven el uno al otro como desconsiderados y explotadores?, ¿o como iniciadores apasionantes de placeres compartidos?

Cualesquiera que sean los sentimientos que subyacen en el comportamiento de los padres, acabarán transmitiéndose a los hijos, aunque sus palabras intenten esconderlos. Esta es la razón de que sea tan difícil decirles a los padres precisamente cómo contestar a las preguntas de un niño sobre el sexo. Primero debe reconocerse su propio desconcierto en este campo, y modificarse sus preocupaciones y vergüenzas.

EL INICIO DE LOS SENTIMIENTOS SEXUALES

Desde el nacimiento en adelante, los niños están equipados para sentir placer corporal, y desde el nacimiento en adelante, las actitudes sexuales están en proceso de desarrollo. En cuanto están físicamente preparados, exploran sus cuerpos. Manipulan sus extremidades y les encanta ser tocados, recibir cosquillas y ser abrazados; estos contactos y caricias tempranos forman parte de su educación sexual. A través de ellos aprenden, sin duda, a recibir el amor.

Hubo una época en que a las madres se las advertía de que no debían abrazar y jugar con sus bebés, para de ese modo evitar que se volvieran consentidos. Incluso entonces, esta máxima no tuvo sentido para los padres porque su propia necesidad y deseo de abrazar, achuchar y acariciar a su bebé era mucho más fuerte que cualquier norma. Ahora sabemos que un bebé necesita mucho contacto tierno y cuidado cariñoso y que ambos padres deben satisfacer esa necesidad. Crea una experiencia feliz mutua, y un lazo especial entre el bebé y los padres. Las madres que amamantan a sus hijos tienen el placer añadido de una experiencia mutuamente satisfactoria.

Cuando los niños descubren que la boca proporciona placer añadido, todo lo que pueden mover va hacia allí: el pulgar, una manta, un juguete. Chupar, masticar y morder aporta sensaciones agradables incluso con los objetos incomestibles. Estos placeres de la boca no deben detenerse, solo regularse; debemos asegurar que lo que

entra en la boca sea higiénico. Algunos bebés consiguen todos sus placeres orales comiendo; otros
necesitan chupar algo, que debe concederse sin
reparos. Durante el primer año más o menos, la
boca es el espejo principal por el que el mundo se
muestra y se refleja al niño; hagamos que sea un
reflejo agradable.

EL SEXO Y EL RETRETE

Durante el segundo año de vida los niños se fijan
más en los placeres de evacuación. Para ellos no
hay nada de asqueroso en el aspecto, el olor y el
tacto del excremento. Mientras los padres les guían
en la adquisición de unos hábitos de eliminación
civilizados, deben tener un cuidado especial en no
transferirles asco por su cuerpo y sus productos.
Las medidas duras y precipitadas pueden hacer que
los niños crean que sus cuerpos y todas sus funciones son algo que temer, en lugar de disfrutar.

La enseñanza impaciente es contraproducente.
El niño medio puede estar listo para el control
diurno entre los dos años y medio y los tres años
de edad. El control nocturno puede llegar entre el
tercer y el cuarto cumpleaños. Los accidentes, por
supuesto, son previsibles y deben ser reconocidos:
«Ay, no llegaste al lavabo esta vez. Estabas demasiado ocupado construyendo una torre. Déjame
ayudarte a limpiarte».

La falta de enseñanza también es contraproducente. Cuando a los niños se les deja hacer exactamente lo que quieren, puede que continúen
mojándose y ensuciándose durante mucho tiempo. Ello puede ser placentero para algunos niños,

pero entretanto pierden las satisfacciones que producen los logros reales. Cuando el niño o la niña estén listos, hay que decirles clara y amablemente lo que se espera de ellos: «Ahora que ya no eres un bebé sino un niño mayor, mamá y papá queremos que nos avises cuando tengas pipí y te pondremos en el orinal».

CONTESTAR PREGUNTAS

La educación sexual tiene dos partes: la *información* y los *valores*. La información se puede dar en la escuela, en la iglesia o en casa, pero los valores se aprenden mejor en casa. Los niños aprenden sobre las relaciones sexuales y amorosas observando a sus padres relacionarse entre ellos. Ver a sus padres besarse, abrazarse o hacerse insinuaciones, responde a muchas de sus preguntas sobre el sexo y el amor. También les anima a ser abiertos con sus propios sentimientos afectuosos y amorosos.

En la educación sexual, los padres no deben caer en la tentación de dar demasiado, demasiado pronto. Aunque no hay ninguna razón para no contestar francamente a las preguntas del niño sobre el sexo, no es preciso que las respuestas se conviertan en un curso de obstetricia; pueden ser breves, de una frase o dos, no de párrafos largos, ni capítulos.

La edad correcta para informar a un niño sobre cuestiones sexuales es cuando el niño hace las preguntas. Cuando un niño de dos o tres años señala sus órganos genitales y pregunta: «¿Qué es?», es el momento correcto para decirle: «Es tu pene». Aunque los niños pueden referirse al pene como la pirula o el pito, el adulto debe llamarlo por su nombre correcto.

Cuando una niña pregunta de dónde viene un bebé, no le diremos que viene del hospital o de la cigüeña. Le diremos: «Crece en un lugar especial dentro del cuerpo de la madre». Dependiendo de las preguntas siguientes, puede o no ser necesario en ese momento identificar el lugar como el útero.

En general, desde la primera infancia en adelante, los niños deben aprender los nombres y funciones de sus órganos y las diferencias anatómicas entre los sexos. Las explicaciones no deben incluir plantas y animales.

Hay dos cuestiones que confunden a casi todos los niños preescolares: ¿cómo se concibe un bebé? ¿Y cómo nace? Es aconsejable oír la versión del niño antes de dar la nuestra. Sus respuestas normalmente tienen que ver con la comida y la evacuación. Una niña espabilada explicó: «Los buenos bebés vienen de la buena comida. Crecen en el estómago de mamá y salen por el ombligo. Los bebés malos vienen de la comida mala. Salen por el sitio de la caca».

Nuestra explicación debe ser informativa, pero no tiene que contar todo sobre el coito: «Cuando un padre y una madre quieren tener un bebé, un líquido llamado semen con muchas células pequeñitas de esperma sale del cuerpo del padre y se une a una célula llamada óvulo en el cuerpo de la madre. De la unión de las dos células empieza el crecimiento del bebé. Cuando el bebé es lo bastante grande, sale a través de la vagina de la madre». Algunas veces un niño pide que se le enseñe el lugar de donde salió. Es mejor no permitir tal invasión de la intimidad. En cambio, podemos dibujar una figura humana, usar una muñeca para una demostración o mirar un libro con ilustraciones. Nuestras respuestas puede que solo satisfagan al niño durante un rato. Puede volver con las mismas preguntas, o con otras adicionales. Su próxima pregunta puede ser la que da pavor a los padres: «¿Cómo entra la célula de esperma del padre en la célula del óvulo de la madre?». De nuevo, *le pediremos primero al niño su versión del acto*. Probablemente oiremos alguna teoría de «plantar semillas» (papá planta una semilla en mamá), de «comer semillas» (papá le dice a mamá que trague un hueso de fruta), de polinización (el viento hace volar las semillas dentro de la madre), de operación (el médico planta una semilla en la madre a través de la cirugía).

Entonces la pregunta del niño puede contestarse brevemente: «El semen sale del pene del padre. Encaja en la vagina de la madre». Este puede ser un buen momento para señalar que el semen es diferente de la orina: «La orina es un desecho del cuerpo. El semen es un líquido que lleva células de esperma».

La próxima pregunta que puede soltar es «¿Cuándo hacéis los bebés tú y papá?». Esta no es una pregunta tan fisgona como parece, y una respuesta simple le bastará: «Las madres y los padres escogen un tiempo cuando están cómodos y solos. Ellos se quieren y quieren tener un bebé para quererlo también». Puede ser necesario añadir que el estar juntos o unirse es un acto personal y privado.

Algunos chavales quisieran que los padres también pudieran tener bebés. Preguntan: «¿Por qué el huevo de la madre no entra en el padre?». Se le da la explicación de que el cuerpo de la mujer tiene un lugar –el útero– en que un bebé puede crecer. El cuerpo del hombre no. No es raro que un niño pregunte: «¿Por qué?». Una respuesta sencilla: «Porque los cuerpos de los hombres y las mujeres son diferentes». Es deseable asegurarles a los chicos que los bebés también necesitan un padre para quererlos y protegerlos.

Al fin y al cabo, los padres tienen que recordar que aunque hablar de sexo con sus hijos puede resultar a menudo muy incómodo, mantener el sentido del humor les ayudará a sortear incluso las situaciones más tensas. Una madre contó esta divertida historia: «Mi hijo Pablo, de dos años y medio, me preguntó si yo tenía pene. Cuando le dije que no, preguntó qué tenía allí a cambio. Contesté: "Las mamás tienen un sitio especial". Pablo preguntó: "¿Cómo se llama?" y le dije la palabra, pensando mientras que era demasiado pequeño para entender todo eso. Un día, varias semanas después, estaba empujando a Pablo en su cochecito dentro de un ascensor atestado en nuestro edificio. Una mujer mayor con una voz muy fuerte empezó a interrogarle: "¿Cómo te llamas? ¿Estás pasando un buen día? ¿Puedes decir hola?". Silencio. Me agaché y le susurré al oído: "Di hola". "¡Hola!", dijo a voz en grito. La mujer chilló: "Ah, ¡por lo menos puede decir hola!". Pablo le clavó su mirada y dijo claramente: "Puedo decir vagina, también". El ascensor se llenó de risas y yo apenas pude contenerme. Cuando estuvimos en casa me dijo: "Esa es la palabra más grande que conozco"».

EL CUERPO DESNUDO

En la infancia, ver a mamá o papá desnudos puede causar excitación sexual en los niños. ¿Quiere esto decir que debemos regresar a la mojigatería victoriana? De ninguna manera. Pero sí quiere decir que necesitamos intimidad, no solo para nuestra propia paz, sino también para el buen desarrollo del niño. Podemos tolerar las ocasionales intrusiones y miradas fijas del niño cuando nos duchamos o nos vestimos, pero no debemos animar tal conducta. Debemos tener especial cuidado en no darles a entender que queremos que ellos nos exploren.

Reconozcamos que los niños sienten curiosidad por el cuerpo humano. Han tenido la oportunidad de observar las diferencias entre niños y niñas, y también nos han visto alguna vez; y les gustaría ver más. Lo más sensato es reconocer su curiosidad abiertamente, pero insistir en una intimidad razonable. «Puede que quieras ver cómo soy, pero cuando me baño me gusta estar sola. Podemos mirar algunos dibujos que contestarán tus preguntas». Este acercamiento no ataca ni bloquea la curiosidad del niño; solo la desvía hacia cauces más socialmente aceptables. La curiosidad puede expresarse mediante palabras en lugar de miradas y tacto.

LA MASTURBACIÓN

La masturbación infantil es placentera y puede traer consuelo a los niños, pero causa conflictos en muchos padres. Los niños pueden encontrar en ella el amor por sí mismos cuando se sienten solos, una ocupación cuando están aburridos, y el auto-consuelo cuando se sienten rechazados. A los padres les produce una vaga ansiedad y preocupación. La mayoría de los padres han oído, leído e incluso experimentado que la masturbación es inocua. Saben que no causa ni locura, ni esterilidad, ni impotencia, ni cualquiera de una docena de plagas más. Pero cuando encuentran a sus hijos jugando con sus genitales, se perturban e intentan detenerles. Intelectualmente, los padres reconocen que la masturbación puede ser una fase en el desarrollo de la sexualidad normal o puede continuar hasta la madurez. De todas formas, es duro para algunos padres aceptar que su hijo se masturba.

Sin embargo, la masturbación es una parte natural de la experimentación sexual del niño. Los padres que tienen problemas con que su hijo lo haga en público –en la mesa o en el coche– deben recordar al niño que estas actividades placenteras deben mantenerse en privado. Es importante no reaccionar de forma exagerada o avergonzar al niño: solo hace falta un pequeño comentario directo: «Esto te da sensaciones agradables, pero es algo privado para hacerlo en tu habitación».

JUEGOS PROHIBIDOS

A los niños pequeños les gusta investigar sus propios cuerpos, y a los que son un poco mayores, explorarse unos a otros. Muchos de nosotros recordamos que de pequeños decíamos a un amigo o amiga del sexo opuesto, asegurándonos de que nuestros padres no podían vernos: «Te mostraré lo mío si me muestras lo tuyo». Esta sed de conocimiento no se apaga fácilmente. Las diferencias en la anatomía confunden a los niños, y necesitan averiguar que ser diferente no significa que les pasa algo malo. Incluso cuando se les explican los hechos y se comprenden sus sentimientos, puede que sigan con la exploración mutua. Inventan juegos, como jugar a médicos o a mamás y papás. También pueden negociar y montar juegos de mirar a escondidas. Incluso los padres sexualmente ilustrados encuentran difícil hacer frente, impasibles, a situaciones parecidas. Pueden abstenerse de dar azotes o avergonzar al niño, pero no están seguros de cómo poner un límite positivo a tales actividades. Hoy en día algunos padres incluso se preguntan si deben interferir en asuntos tan íntimos, por temor a perjudicar la futura vida sexual de su descendencia.

El hecho de que una niña de dos o tres años mire cómo orina un niño pequeño, se considera normal para aprender la anatomía. En el parvulario, donde los niños comparten los mismos retretes, la curiosidad puede satisfacerse por observación directa. Sin embargo, en primer curso se considera que un niño ya ha visto bastante. Cuando una madre encuentra a un niño y una niña con los pantalones bajados y la falda levantada, no debe preguntarles: «¿Qué estáis haciendo?». (Puede ser demasiado violento si el niño contesta con toda la verdad.) Los niños *no deben ser avergonzados ni reñidos* con comentarios como: «Pero ¿qué os pasa? ¿No os da vergüenza? Jaime, quiero que te vayas ahora mismo a casa. Y contigo, Melisa, ya hablaremos». Por otro lado, tampoco se les debe proporcionar una excusa fácil o una coartada falsa, como: «¿No os parece que hace demasiado frío para andar desnudos?». Hay que decir: «Jaime, Melisa, a vestirse los dos ahora y buscad otra cosa para jugar». Nuestra actitud calmada, tranquila, permite limitar la experimentación sexual sin perjudicar el interés del niño en el sexo y el amor.

LAS PALABROTAS

Ningún padre quiere que sus hijos sean ingenuos respecto a las palabrotas que dicen sus compañeros. Estas palabras son tan enérgicas, expresivas y prohibidas que a los niños les hacen sentirse mayores e importantes. Cuando sueltan una retahíla de palabrotas en una reunión secreta se sienten como si acabaran de componer su declaración de independencia.

Las palabrotas tienen un lugar que debe delinearse y definirse para el niño. Los padres deben expresar francamente sus sentimientos sobre el asunto. La madre puede decir: «A mí no me gustan en absoluto, pero sé que los niños e incluso algunos adultos las dicen. Prefiero no oírlas. Guárdalas para tus compañeros». De nuevo, reconocemos y *respetamos los deseos y sentimientos de nuestros hijos, pero ponemos límites y reorientamos sus actos.*

LA HOMOSEXUALIDAD

Algunos padres se perturban cuando observan a sus hijos preadolescentes formar amistades íntimas, e incluso apasionadas, con compañeros del mismo sexo. Les preocupa la orientación sexual principalmente por los obstáculos con los que puede encontrarse su hijo cuando reconozca abiertamente su homosexualidad. En la preadolescencia, los chicos van juntos y las chicas se unen en amistades íntimas. En gran parte hablan de sexo. Intercambian impresiones y cuentan y recuentan lo que cada uno/una ha descubierto. Esta amistad *unisex* es un preludio necesario al desarrollo del amor heterosexual.

Algunos niños experimentan con sus amigos del mismo sexo. Pero ahora sabemos que a menos que tengan esa inclinación, escogerán parejas heterosexuales. Los investigadores E. O. Laumann, J. H. Gagnon, R. T. Michael y S. Michaels, del Instituto Kinsey para la Investigación Sexual de la Universidad de Indiana, informaron en 1994 que aunque muchas personas confesaron haber tenido alguna experiencia homosexual, solo alrededor del 4% de hombres y el 2% de mujeres se consideran homosexuales. *La confusión sobre la orientación sexual no es infrecuente en la adolescencia.*

Afortunados son los niños cuyos padres son abiertos y receptivos, permitiéndoles así compartir sus preocupaciones sobre sus sentimientos sexuales. ¿Qué pueden decir los expertos a los padres? Hace años se proporcionaba tratamiento psicológico a los adolescentes homosexuales, pero ni siquiera Freud era optimista sobre el cambio de la orientación sexual. Hoy sabemos que en gran parte la homosexualidad tiene influencias biológicas y, por tanto, hay más aceptación y menos intención de cambiar la orientación sexual.

Al hablar con sus hijos sobre la homosexualidad, los padres no deben dictaminar ni sacar consecuencias morales. Además, no se debe evitar hablar de lo que ocurre exactamente cuando un hombre ama a un hombre y no a una mujer. De modo que sean francos y proporcionen a sus hijos la mejor información que ustedes tienen sobre el asunto. Sus hijos les agradecerán que hayan confiado en ellos con la verdad en lugar de echarse al monte cuando preguntan: «¿Por qué tiene Rebeca dos mamás?».

LA EDUCACIÓN SEXUAL

En la vida, la literatura, la televisión y las películas, los tabúes sexuales han ido cayendo. Nuestro tiempo se caracteriza por la franqueza y la libertad; el sexo ya no es un tema prohibido. Se enseña en la escuela y se discute en casa, incluso en la Iglesia la moralidad se reevalúa a la luz de la realidad; de hecho el sexo siempre ha sido un tema popular.

Los adolescentes están ávidos de aprender todo lo que pueden sobre el sexo. Se sienten molestos y perplejos y quieren respuestas realistas y personales. Cuando tienen una oportunidad de hablar de sexo en serio, hablan libre y sensiblemente, buscan normas y significado, quieren asumir su sexualidad e integrarla en su personalidad global.

COMPARTIR EXPERIENCIAS SEXUALES

Alberto, de quince años, habló con su padre sobre el sexo y el amor. Dijo: «He descubierto la diferencia real entre chicos y chicas. Las chicas prometen el sexo para conseguir el amor y los chicos prometen el amor para conseguir el sexo. Ámalas y déjalas es mi filosofía».

Padre: ¿Qué pasa con la chica después de que la amas y la dejas?
Alberto: No es asunto mío. Intento no pensar en ello.
Padre: Pues ya puedes pensar. Si atraes a una chica hacia el sexo por prometerle amor, sus sentimientos se convierten en asunto tuyo.

El padre afirmó sus *valores* acerca de que *la honestidad y la responsabilidad conciernen a todas las relaciones humanas. Toda situación, tanto simple como compleja, social o sexual, requiere la integridad individual.*

Natalia, de dieciséis años, dice: «Mis padres y yo vivimos por gracia de un código tácito: "Ni grandes preguntas, ni respuestas reales". Realmente no quieren saber lo que pasa, y yo no se lo puedo contar. Soy, por así decirlo, una "buena" chica».

«Mi padre siempre va clamando que es franco y honesto –se queja Jesús, de quince años–. Pero su honestidad termina donde el sexo empieza. Esta es un área en que mi franqueza no es bienvenida.»

Los padres deben animar a sus adolescentes a ser sinceros con sus sentimientos sobre el sexo: no decir «sí» cuando quieren decir «no»; escuchar sus necesidades; respetar su comodidad; no ser demasiado ávidos por complacer o formar parte de una pandilla; no mantener relaciones sexuales solo para sentirse más adultos de lo que son; y no confundir una relación sexual con una relación amorosa.

Muchos padres están desconcertados sobre su papel en la vida sexual del hijo adolescente. La madre de Sara consultó a un psicólogo cuando su hija de diecisiete años le pidió que le consiguiera pastillas anticonceptivas: «Yo conozco a mi hija. Se enamorará y querrá hacer el amor. Con las pastillas, por lo menos, estará protegida. Pero me siento incómoda por facilitar que tenga relaciones sexuales».

«Las adolescentes que piden pastillas anticonceptivas a sus padres indican por su misma petición que no están preparadas para ser adultas –contestó el psicólogo–. Al proporcionar esas pastillas a sus adolescentes, los padres les niegan una experiencia vital: *tomar decisiones y aceptar las consecuencias*. Un adulto no pasa la responsabilidad a sus padres. Carga con su propia responsabilidad.»

Cuando la madre de Sara llegó a casa, le dijo a su hija: «Cariño, si tú crees que estás lista para tener relaciones sexuales, entonces también estás lista para consultar con el médico sobre las pastillas anticonceptivas. Si yo te consigo las pastillas, entonces soy yo, y no tú, la que se implica y asume la responsabilidad de tu conducta».

EL AMOR MADURO

«Sólo el amor justifica el sexo –dijo Alba, de dieciséis años–. Así que siempre estoy enamorada.» Este enfoque cínico tiene un historial social. Alba probablemente se siente culpable y la única manera en que puede justificar su conducta sexual es enamorándose. El amor, real o imaginado, expía su culpa. Pero el amor no es simplemente el sentimiento y la pasión. El amor es un sistema de actitudes y una serie de actos que refuerzan la vida para ambos, el amante y el amado. El amor romántico a menudo es ciego. Reconoce la fuerza, pero no ve la debilidad en el ser querido. Por el contrario, el amor maduro acepta la fuerza, sin rechazar la debilidad. En el amor maduro ni el chico ni la chica intentan explotar o poseer al otro. Cada uno se pertenece a sí mismo. Tal amor da libertad de desplegarse y desarrollarse lo mejor posible. *El amor y el sexo no son lo mismo, pero los afortunados pueden combinarlos.*

CAPÍTULO 10

EN RESUMEN:
LECCIONES DE ORIENTACIÓN
PARA PADRES

¿Cuál es la meta de los padres? Ayudar al niño a crecer y llegar a ser un ser humano decente, una persona *comprensiva, comprometida y cariñosa.* ¿Cómo se hace para humanizar a un niño? Solo usando métodos humanos, reconociendo que el proceso es el método, que los fines no justifican los medios, y que en nuestro esfuerzo por conseguir de forma eficaz que los niños se comporten, no los perjudicaremos emocionalmente.

Los niños aprenden lo que experimentan. Son como la arcilla: cualquier palabra que cae sobre ellos deja una huella. Por consiguiente, es importante que los padres aprendan a hablar con sus hijos de una manera que no les cause rabia, ni les haga daño, ni disminuya su confianza en sí mismos, ni les haga perder la fe en sus propias capacidades y valores.

Los padres llevan la voz cantante en casa. Su respuesta a cada problema determina si esta voz se intensificará o se frenará. Por consiguiente, los padres deben desechar un lenguaje de rechazo y aprender un lenguaje de aceptación. Incluso saben las palabras; oyeron a sus propios padres usarlas con invitados y desconocidos. *Es un lenguaje que protege los sentimientos, y que no critica la conducta.*

Un universitario, en vaqueros, estaba cruzando la calle cuando un taxista por poco lo atropella. Enfurecido, el taxista empezó a reñirlo: «¿Por qué no miras por dónde vas? ¡Desgraciado! ¿Quieres que te maten? ¡Quizá necesitas que tu mamá te lleve de la mano!».

El joven se irguió todo lo alto que pudo y preguntó con calma: «¿Es así como se habla a un médico?». El taxista, contrito, se disculpó.

Cuando los padres hablan con sus hijos como si fueran médicos, ni les provocan ni les enfurecen.

Thomas Mann, Premio Nobel de Literatura, dijo: «Hablar es la civilización en sí». Pero las palabras pueden embrutecer tanto como civilizar, herir tanto como curar. Los padres necesitan un lenguaje de comprensión, un lenguaje que pervive con cariño. Necesitan palabras que comunican sentimientos, declaraciones que animan la buena voluntad, respuestas que cambian humores, que aportan nuevas percepciones, y que irradian respeto. El mundo habla a la mente. Los padres hablan más íntimamente, hablan al corazón cuando adoptan un lenguaje afectuoso, sensible a las necesidades y sentimientos del niño. Ello no solo ayuda a los niños a desarrollar una imagen positiva de sí mismos, llena de confianza y seguridad, sino que también les enseña a tratar a sus padres con respeto y consideración.

Sin embargo, no es fácil sustituir un lenguaje afectuoso por nuestra forma habitual de hablar.

Por ejemplo, el señor Bloom asistía a un taller para padres que querían aprender una forma más eficaz pero también afectuosa de comunicarse con sus hijos. Después de varias sesiones tuvimos el intercambio siguiente:

Sr. B: Parece que todo lo que he estado diciendo a mis hijos está mal. Sin embargo, encuentro muy difícil cambiar mis costumbres disciplinarias.

Dr. G: No es fácil cambiar de actitud y aprender nuevas habilidades.

Sr. B: No solo eso, sino que si usted tiene razón, yo he estado tratando a mis hijos sin respeto ni dignidad. No es de extrañar que no me respeten ni me escuchen.

Dr. G: ¿Quiere usted decir que se está culpando por no haber sabido más?

Sr. B: Supongo que tiene razón. Mientras sigo culpándome a mí mismo, también culparé a mis hijos, en lugar de cambiar la manera en que hablo con ellos. De acuerdo, ahora sé lo que tengo que hacer. Tengo que dejar de culpar e intentar ver si este lenguaje afectuoso que usted defiende realmente funciona.

Las recompensas son enormes cuando los padres hacen el esfuerzo de responder con cuidado y con respeto a sus hijos, quienes detectan la diferencia y aprenden a hablar con sus padres de la misma forma.

El señor Benítez llevó a su hija, Diana, de nueve años, al trabajo el día en que se pintaba su despacho. Nos comunicó que mantuvo la siguiente conversación:

Sr. B: No aguanto el olor de pintura y todo este polvo. Todo está tan desorganizado...
Diana: Debe de ser horrible para ti tener que trabajar así. Está todo patas arriba.
Sr. B: Efectivamente.
Diana: ¿Qué te ha parecido lo que te acabo de decir, papá?
Sr. B: Me ha gustado. He pensado: «Diana entiende lo que siento».
Diana: Me he fijado en que es así como me hablas a mí últimamente.

Pero hay que advertir a los padres que no deben dar por sentado que sus hijos siempre apreciarán su nueva forma de comunicar, empleando un lenguaje afectuoso. En ocasiones, los niños insistirán en que, en lugar de reconocer sus sentimientos, el padre resuelva sus problemas, tal como relató esta madre.

Un día su hijo Lucas, de once años, se quejaba de su hermano David, de siete.

Lucas: Estoy harto de David. No para de mentir, hacer trampa y molestarme.
Madre: Debe de ser muy molesto. Llegas a casa después de un largo día en el colegio y te recibe tu hermano pequeño, que te hace la vida imposible.
Lucas: Y dale. Ya sé lo que siento. No necesito que me lo digas.

Madre (serenamente, no en tono defensivo): Cuando alguien me dice lo que siento, me siento comprendida.

Lucas (aún más enfadado): Pero ya sé que tú me comprendes. Creo que te tomas demasiado en serio tus clases con el doctor Ginott. No me gusta cómo has cambiado.

Madre: ¿Cómo puedo ayudarte?

Lucas: Quiero que le grites más a David.

Madre: Pero estoy aprendiendo que gritar no resuelve nada.

Lucas: Yo necesito que tú resuelvas mi problema con David.

Madre: Antes intentaba hacer eso, pero ya no. Este es el cambio que no te gusta. He aprendido a confiar en tu habilidad para resolver tus propios problemas.

Lucas: ¿Y las mentiras de David? No las soporto.

Madre: Justo anoche tu padre me contó que le preocupaban sus mentiras, y que su hijo mayor, Lucas, le tranquilizó recordándole que solo era una fase. ¿Te puedes imaginar un chico de once años ayudando a su padre a responder con calma a la mala conducta de un hermano?

Lucas: Supongo que sí le ayudé. A lo mejor también puedo ayudarme a mí mismo.

Se necesita habilidad para no volver a nuestra antigua manera de responder a los niños cuando atacan. Esta madre no permitió que Lucas decidiera su humor ni disminuyera su resolución de continuar practicando lo que había aprendido. Puesto que ella se sentía afectuosa y cómoda cuando reconoció el dilema de su hijo, no intentó justificarse ni ceder ante su demanda de que resolviera su problema. En cambio, le ayudó a desarrollar confianza en su capacidad para resolver sus propios problemas y, así, crecer.

LA DISCIPLINA: PERMITIR SENTIMIENTOS PERO LIMITAR CONDUCTAS

Los padres quieren saber si los métodos que este libro defiende son estrictos o permisivos en cuanto a la disciplina. Son *estrictos* al tratar con *la mala conducta*, pero *todos los sentimientos, anhelos, deseos y fantasías son permisibles,* ya sean positivos, negativos o ambivalentes. Como todo el mundo, los niños no pueden controlar lo que sienten. En algún momento sentirán codicia, lujuria, culpa, rabia, miedo, tristeza, deleite y aversión. Aunque no pueden escoger sus emociones, sí son responsables de cómo y cuándo las expresan.

La conducta inaceptable no se tolera. Resulta frustrante intentar forzar a los niños a cambiar un comportamiento inaceptable; sin embargo, muchos padres todavía se hacen preguntas ineficaces: ¿cómo *hacer* que Marcos haga las tareas? ¿Cómo *forzar* a Fernando a dedicarse en serio a sus estudios? ¿Cómo *conseguir* que Gracia recoja su habitación? ¿Cómo *convencer* a Clara para que no vuelva a casa más tarde de la hora convenida? ¿Cómo *inculcar* en Iván algo semejante a la rutina?

Los padres deben convencerse de la inutilidad de regañar y presionar. Las tácticas coactivas solo engendran el resentimiento y la resistencia; la presión externa solo invita al desafío. En lugar de intentar imponer su voluntad sobre los hijos, los padres tienen más probabilidades de influir en ellos cuando entienden su punto de vista y les involucran en la resolución de un problema.

Un ejemplo: «Fernando, tu profesor nos ha informado de que no has estado haciendo los deberes. ¿Nos puedes contar lo que pasa? ¿Hay alguna manera en que te podamos ayudar?».

Cualquiera que sea la respuesta de Fernando, de once años, sus padres han abierto un diálogo que encontrará la fuente del problema y al mismo tiempo le ayudarán a asumir la responsabilidad de sus deberes.

Los niños necesitan una definición clara de lo que es una conducta aceptable e inaceptable. Es difícil para ellos no dar rienda suelta a sus impulsos y deseos sin ayuda paterna. Cuando conocen los límites claros de conducta permitida, se sienten más seguros.

Para los padres es *más fácil* dictar normas e imponer restricciones, *más fácil poner límites que aplicarlos*. Se sienten tentados a ser flexibles cuando sus hijos desafían las normas; quieren que sean felices, y cuando se niegan a permitir que se infrinjan las normas, los hijos pueden hacer que se sientan rechazados y culpables.

«Se acabó la tele por hoy», declaró un padre cuando terminó el programa que miraba su hijo de diez años. Esteban se puso furioso y gritó: «¡Qué antipático eres! Si me quisieras, me dejarías mirar mi programa favorito, que está a punto de empezar». El padre estaba tentado de ceder; le costaba negarse a tales súplicas, pero decidió no sentar precedentes, e impuso el límite que había puesto.

Dado que muchas normas son difíciles de imponer, puede que los padres quieran priorizar sus normas e intentar imponer tan pocas como sea posible.

ES POSIBLE SER AFECTUOSO Y EFICAZ CON LOS NIÑOS

Los siguientes principios de comunicación empática pueden ayudar a los padres a ser afectuosos y eficaces en su relación con sus hijos.

1. *El principio de la sabiduría es escuchar.* La escucha empática permite a los padres escuchar los sentimientos que las palabras intentan comunicar, escuchar lo que los niños sienten y experimentan, escuchar su punto de vista, y de este modo entender lo esencial de su comunicación.

Los padres necesitan una mente y un corazón abiertos que les ayuden a *escuchar todo tipo de verdades*, sean agradables o no. Pero muchos padres tienen miedo de escuchar porque puede no gustarles lo que oyen. A menos que los padres creen un clima de confianza que anime a sus hijos a compartir sus sentimientos, opiniones, quejas e ideas, incluso aquellas más inquietantes, los niños no serán sinceros. Solo dirán a sus padres lo que ellos quieren oír.

¿Cómo pueden los padres crear un clima de confianza? Por la manera de responder a las *verda-*

des desagradables. Los siguientes comentarios paternos no ayudan:

> «Qué idea más loca» (despreciar)
> «Sabes muy bien que no me odias» (negar)
> «Siempre haces las cosas sin pensar» (criticar)
> «¿Qué te hace pensar que eres tan genial?» (humillar)
> «¡No quiero oír ni una sola palabra más!» (enfadarse)

En cambio, hay que reconocer: «Entiendo. Te agradezco que compartas tus sentimientos conmigo y me hayas dado tu opinión. Gracias por hacérmelo notar». *Reconocer no implica estar de acuerdo*. Es solo una forma respetuosa de abrir un diálogo, al tomar en serio las declaraciones del niño.

2. No niegue las percepciones de su hijo, no dispute sus sentimientos, no repudie sus deseos, no se burle de sus gustos, no denigre sus opiniones, no menoscabe su carácter, no contradiga su experiencia. En cambio, reconozca.

Un día en una clase de natación, Roberto, de ocho años, se negó a tirarse al agua: «El agua está demasiado fría –gritó–, y yo no me encuentro bien.» Su padre respondió: «El agua está bien. No chilles como un gato mojado. La piscina está climatizada, pero tú tienes miedo y lloras como un bebé. Tienes mucha voz y poca personalidad». Las palabras del padre *negaron la percepción del niño, dis-*

cutieron su experiencia, disputaron sus sentimientos y menoscabaron su carácter.

Una contestación útil reconociendo las percepciones del niño habría sido: «No te encuentras bien y el agua te parece fría. Quisieras no tener que meterte en la piscina hoy». Una contestación así tiende a disminuir la resistencia. El niño se siente aceptado y respetado. Sus palabras se toman en serio y no se le culpa.

Cuando María, de diez años, se quejó: «La sopa está demasiado salada», la madre negó automáticamente la percepción de su hija y contestó: «No puede ser. No eché casi nada de sal». Si la madre hubiera aprendido a *reconocer* la percepción de su hija, habría contestado: «Ah, está demasiado salada para ti». *Reconocer no significa estar de acuerdo.* Solo expresa respeto por la opinión de la niña y, en este caso, por sus papilas gustativas.

3. *En lugar de criticar, oriente. Declare el problema y su posible solución.* No diga nada negativo al niño o la niña sobre él o ella misma. Una madre vio que el plazo de préstamo de un libro de la biblioteca había vencido. Molesta, arremetió en críticas contra su hija: «Eres tan irresponsable. Siempre lo dejas todo para el final y te olvidas. ¿Por qué no devolviste el libro con tiempo?». Al orientar, la madre habría declarado el problema y dado la solución: «El libro debe devolverse a la biblioteca. Ha vencido el plazo de préstamo».

4. *Cuando se enfade, describa lo que ve, lo que siente y lo que espera, hablando en primera persona:*

«Estoy enfadado, me molesta, estoy furiosa, estoy indignado, estoy horrorizada». Evite atacar al niño. Cuando un padre vio a su hijo, de cuatro años, tirar piedras a un amigo, no le insultó ni le avergonzó con comentarios como: «¿Estás loco? Podrías dejar cojo a tu amigo. ¿Es eso lo que quieres? Eres un niño cruel». En cambio, dijo con fuerza: «Estoy enfadado y consternado. No tiramos piedras a las personas. Las personas no son para hacerles daño».

5. *Al alabar,* cuando usted quiere decirles a sus hijos lo que aprecia de ellos o de su esfuerzo, *describa los actos específicos. No evalúe los rasgos de carácter.* Elena, de doce años, ayudó a su madre a reorganizar los armarios de la cocina. La madre evitó usar adjetivos, caer en valoraciones: «Has hecho un buen trabajo. Eres muy trabajadora. Serás una buena ama de casa». Por el contrario, describió lo que Elena había logrado: «Los platos y los vasos están bien ordenados ahora. Será fácil encontrar lo que necesito. Tuviste mucho trabajo, pero lo hiciste. Gracias». Las palabras de reconocimiento de la madre permitieron a Elena realizar su propia interpretación: «A mi madre le gustó lo que hice. Soy muy trabajadora».

6. *Aprenda a decir «no» de una manera menos perjudicial, concediendo en la fantasía lo que no puede conceder en la realidad.* A los niños les cuesta distinguir entre una *necesidad* y un *deseo.* Para ellos, lo que piden, lo necesitan: «¿Puedo tener una bicicleta nueva? La necesito de verdad. ¿Puedo, por favor?». En una tienda de juguetes:

«Quiero este camión. Por favor, cómpramelo».
¿Cómo contesta un padre? Es preferible que
no sea con un simple «¡No! Ya sabes que no
nos lo podemos permitir». Es menos perjudicial por lo menos reconocer los anhelos de los
niños al expresar comprensión de su deseo:
«Ay, cómo me gustaría poder comprarte una
bicicleta. Sé cuánta ilusión te haría montar en
ella por el pueblo e ir en ella a la escuela, y te
haría la vida más fácil. Ahora mismo, no podemos. Déjame hablar con tu padre y veremos lo
que podemos hacer para Navidad» o «Cómo
quisiera tener el dinero para comprártela», en
lugar de: «Todo lo que ves, lo quieres. No, no
puedes tenerlo, así que deja de pedir».

Elisa, de diecisiete años, le dijo a su madre:
«Necesito tus pendientes de brillantes para el baile
de fin de curso. ¿Me los dejas?». La madre, enfadada, contestó: «¡En absoluto! Tú sabes que no se
los dejo a nadie. ¿Y si los pierdes?». Una respuesta
menos perjudicial habría sido reconocer el deseo
de su hija: «Ojalá tuviera otros pendientes de brillantes para dejarte. ¿Hay algo más en mi joyero
que te apetezca llevar?».

Es difícil para los padres denegar las peticiones
de sus hijos; les gustaría cumplir sus deseos, quieren verlos felices. Por eso los padres se sienten frustrados y se enfadan cuando se les pide lo que no
pueden dar y adoptan una actitud severa cuando
tienen que decir «no». Al reconocer el deseo y no
enfadarse, los padres permiten que los niños expresen sus sentimientos.

7. *Deje que los niños elijan y opinen sobre los asuntos que afectan a sus vidas.* Los niños dependen de sus padres, y la dependencia engendra hostilidad. Para reducir la enemistad, un padre debe proporcionar a sus hijos oportunidades de experimentar la independencia. Cuanta más autonomía, menos enemistad; cuanta más autodependencia, menos resentimiento del padre.

Incluso a un niño pequeño se le puede preguntar: «¿Quieres mermelada o mantequilla en la tostada?» o decir: «La hora de acostarse es entre las siete y las ocho. Tú decides cuándo estás suficientemente cansado para ir a dormir». ¿Qué diferencia representa para un niño o una niña el darle opciones? Puede pensar: «Mis padres tienen en cuenta mis deseos. Tengo algo que decir sobre mi vida. Soy una persona. Cuento para algo».

Recibí la carta siguiente en respuesta a una columna en la que hablaba sobre dar opciones a los niños:

En una de sus columnas nos recordó que incluso los niños muy pequeños necesitan poder elegir alguna vez. Y eso es lo que quiero agradecerle especialmente, y decir que resulta igualmente válido en el otro extremo de la vida, cuando una persona puede ser de nuevo tan dependiente como un niño pequeño.

Estaba con mi padre de ochenta años mientras él moría de cáncer. Al observar su depresión por ser tan dependiente recordé claramente sus palabras. Qué horror no tener control sobre tu vida. Pensé que le podría ayudar a disminuir su frustración si pudiera elegir entre diversas opciones válidas. Había un número sorprendente de situaciones en las que él podía y debía tener el control, como por ejemplo: ¿quería que yo le ayudara a ir al baño? (El pudor desaparece en algún momento, pero debe ser él quien decide cuándo.) ¿Le gustaría que hablara con él o preferiría que me quedara callada? ¿Quería comer? ¿Querría que sus nietos fueran a visitarlo?

Algunas cosas eran sencillas, pero todas eran cosas en las que yo creía que él debía tener una opción. También creo que esto me ayudó a establecer un cierto tipo de relación con él que me duele pensar que podría haber faltado. Espero, también, que ayudé un poco a aliviar no su dolor, desgraciadamente, sino la carga de morir.

EPÍLOGO

Las soluciones ofrecidas en este libro pueden aligerar la tarea de la paternidad solo cuando se aplican apropiadamente. Las respuestas de los niños son variables. Algunos niños son dóciles; aceptan fácilmente los cambios de rutina y de relaciones. Otros, algo más conservadores, solo aceptan los cambios bajo protesta y tras ser presionados. Otros se resisten activamente a cualquier «trato nuevo» en sus vidas. Una aplicación sabia del enfoque que se defiende en este libro no ignorará la línea básica del temperamento y personalidad del niño.

Los niños solo florecen cuando los métodos de crianza están imbuidos de respeto y comprensión. Este enfoque puede crear *una sensibilidad mayor y más profunda hacia los sentimientos y las necesidades* en las relaciones entre padres e hijos.

Una pareja joven se perdió en el laberinto de las carreteras de California. «Nos hemos perdido», dijeron al policía en la cabina de peaje.

«¿Saben dónde están?», les preguntó.

«Sí –contestó la pareja–. Lo dice aquí, en la cabina.»

«¿Saben adónde quieren ir?», continuó el agente.

«Sí», contestó la pareja al unísono.

«Entonces no se han perdido –concluyó el agente–. Ustedes tan solo necesitan unas indicaciones claras.»

Los padres también pueden beneficiarse de indicaciones claras para ayudarles a llegar a donde quieren ir en la crianza de sus hijos. Pero además, también necesitan suerte y habilidad. Uno puede preguntar: «Si tienen suerte, ¿por qué necesitan habilidad?». Para no perder la suerte.

CÓMO SE PUEDE AYUDAR
A LOS NIÑOS

Incluso los niños no trastornados reaccionan con perturbaciones emocionales a situaciones estresantes o conflictos interiores. Pueden tener temores y pesadillas, morderse las uñas, chinchar a sus hermanos, tener tics y rabietas, y otros problemas. Son niños queridos, criados por padres cariñosos, de hogares intactos, que pueden beneficiarse de la terapia infantil.

Trauma reciente. Los niños expuestos a una catástrofe súbita pueden desarrollar el síndrome postraumático. Un niño puede reaccionar con una angustia aplastante y desarrollar síntomas dramáticos al presenciar un incendio, un accidente de coche o un ataque terrorista. La muerte de una persona querida puede ser también especialmente devastadora.

Cuando los terroristas, empleando aviones como armas, atacaron Estados Unidos y destruyeron las Torres Gemelas en el centro de Nueva York el 11 de septiembre de 2001, adultos y niños quedaron profundamente traumatizados. Muchos niños perdieron un progenitor, y algunos a los dos.

El padre o pariente superviviente, además de llorar la muerte también tenía que tratar con los hijos afligidos y alterados.

Ver cómo ardían las Torres Gemelas en la televisión o desde lejos también fue traumático para niños y adultos, sin embargo, el impacto psicológico fue mucho peor para los niños que lo vivieron de primera mano o cuyo padre o madre escapó del incendio. Según un estudio publicado en el *New York Times*, cuanto más cercano estaba el niño a la zona del desastre, más traumática fue su reacción.

Los niños pequeños que viven una experiencia traumática raramente hablan de ella. Sus temores y tensiones se manifiestan en el juego. La psicoterapia infantil proporciona un entorno apropiado, materiales convenientes y un adulto comprensivo para ayudar a los niños en sus momentos de gran necesidad. El terapeuta les ofrece la posibilidad de volver a vivir los acontecimientos que les afectan a través del juego y las palabras, para que puedan asimilar y dominar los sentimientos de pánico y angustia. Construyen casas de cubos y dejan caer bombas sobre ellas. Las sirenas aúllan, los incendios se propagan y las ambulancias recogen heridos y muertos. Durante semanas representan sus sentimientos de terror y horror. Solo tras tales reconstrucciones simbólicas de los sucesos, son capaces de hablar sobre sus sentimientos y recuerdos sin miedo y angustia. La angustia generada por un desastre reciente disminuye cuando, en presencia de un adulto comprensivo, el niño puede reconstruir con juguetes, y contar en palabras, los sucesos y recuerdos terribles. Con la ayuda de muchos voluntarios profesionales, la ciudad de Nueva York proporcionó ayuda psicológica a quienes la necesitaban.

Niños temerosos. Como el chocolate y los churros, los niños pequeños y los temores van juntos. Los perros parecen ser el miedo principal a los tres años, y la oscuridad a los cuatro. Estos miedos disminuyen con la edad, desapareciendo completamente alrededor de los ocho años. Otros miedos mencionados por muchos niños son los coches de bomberos, las sirenas, terremotos, secuestros, conduccción rápida, serpientes y las alturas. Desde el 11-S el miedo predominante es el miedo a los terroristas. Algunos niños mostraron una ligera aprensión, pero no se retiraron de la situación si tenían un padre al lado. Otros sintieron mayor incomodidad; querían la luz encendida por la noche o mostraban tensión al oír pasar un coche de bomberos o si se hablaba de un robo.

Los niños que presentan temores persistentes e intensos pueden beneficiarse de la ayuda profesional. La intensidad de su reacción es la pista reveladora. Su angustia les paraliza e incapacita: el cielo puede caerse, un relámpago puede alcanzar la casa, la familia entera puede desaparecer en un huracán. Su calidoscopio de objetos y personas temidos puede ser infinito: ruidos intensos, lugares elevados, personas nuevas, agua corriente, esquinas oscuras, insectos pequeños y animales grandes. Intentan escapar de la ansiedad evitando lugares y actividades que les parecen amenazadores. De modo que pueden apartarse del agua, evitar subir una escalera de mano o negarse a dormir en una habitación oscura.

En la psicoterapia de grupo, los niños temerosos tienden a emprender actividades que les exigirán hacer frente a sus temores. Pueden disparar pistolas de petardos, pintar con los dedos, cubrirse de fango o apagar las luces. El grupo imposibilita que los niños temerosos eviten enfrentarse a sus problemas. El terapeuta puede tratar entonces con las reacciones temerosas a medida que se producen. Se ayuda a los niños a representar y hablar de sus miedos desesperados y disminuir y dominar su ansiedad indefinida.

La rivalidad fraterna desbordada. Los niños cuyos celos hacia sus hermanos saturan su personalidad e influyen en su vida entera necesitan ayuda psicológica. Abusan de sus hermanos y hermanas física y verbalmente. Al percibir a sus hermanos como los preferidos de sus padres, buscan la atención exclusiva e intentan por todos los medios ser el preferido de una maestra, un entrenador o un monitor. Siendo competitivos, tienen una necesidad terrible de destacar y no manejan bien la derrota. Si los celos de estos niños no se reducen en la infancia, pueden pasar la vida tratando a las personas como si fueran hermanos suplentes. También pueden seguir haciendo la vida imposible a sus hermanos conscientemente.

Es normal que los niños tengan celos de sus hermanos, pero a diferencia de los niños que necesitan ayuda, sus celos no constituyen un modelo dominante. Pueden pensar que sus hermanos reciben más cariño, y quizá compitan con ellos por el afecto, pero cuando ellos también reciben cariño, rápidamente se tranquilizan. También puede gustarles competir y destacar, pero a la vez pueden disfrutar de los juegos por el simple gusto de jugar. Es más, pueden aceptar la derrota sin gran pena o tensión.

Demasiado interés sexual. Algunos niños evidencian una preocupación precoz y persistente por cuestiones sexuales. Sueñan, piensan y hablan del sexo. Se masturban habitualmente en privado o en público, e intentan hacer exploraciones sexuales con otros niños, incluso hermanos y hermanas. Miran a hurtadillas e intentan sorprender a sus padres en el acto sexual. El sexo les preocupa demasiado y demasiado pronto. Estos niños necesitan ayuda psicológica.

La mayoría de los niños muestran un interés natural por las cuestiones sexuales. Pueden mofarse de amigos del sexo opuesto, o bien cuchichear acerca de novios o novias. También pueden ser agradablemente conscientes de su sensualidad; pueden tocarse y masturbarse de vez en cuando. Sin embargo, la actividad sexual sigue siendo solo una parte de su vida.

Los niños extremadamente pudorosos. Estos son todos aquellos niños que sienten pánico cuando alguien les ve desnudos. Están penosamente cohibidos por sus cuerpos; se sienten incómodos en las clases de educación física y se mueren de vergüenza en las revisiones médicas. Pueden necesitar ayuda profesional.

A otros niños también puede no gustarles desnudarse para una revisión médica o una clase de gimnasia, pueden quejarse y protestar, pero no sienten pánico.

Los niños sumamente agresivos. Los niños muy hostiles necesitan ayuda profesional. El significado de la hostilidad debe ser evaluado y entendido a fondo; como puede provenir de una gran variedad de fuentes, es necesario encontrar la causa de la agresión en cada caso específico, para que el tratamiento pueda adaptarse a la causa y el caso.

A veces, conocemos a niños cuya agresividad no disminuye al expresarla y cuyos impulsos destructivos no se acompañan de una culpabilidad visible. Algunos de ellos son capaces de una crueldad extrema sin aparente ansiedad ni arrepentimiento. Parecen carecer de capacidad de compasión, y no muestran ninguna preocupación por el bienestar de los demás. La censura y la crítica tienen poco efecto sobre ellos, como si fueran indiferentes a lo que otros piensen de ellos. Ni siquiera los castigos les impulsan a enmendarse. Temen a los adultos, desconfían de su bondad y rechazan sus favores. Establecer una relación con un niño así no es nada sencillo. Los niños con historiales de este tipo se benefician del tratamiento cuando el terapeuta logra ganarse su confianza y establecer una relación basada en el respeto mutuo.

No es infrecuente que los niños de vez en cuando sean agresivos y destructivos. Gran parte de este comportamiento se debe a la curiosidad y la gran cantidad de energía. También es debido en parte a la frustración y el resentimiento. La conducta agresiva puede que ocurra dentro pero no fuera de casa, o viceversa, en la escuela pero no en casa. Algunos niños pueden destruir sus propios juguetes, por curiosidad o por rabia, pero son más cautos con la propiedad de otros.

El hurto habitual. El hurto persistente es un problema serio. Algunos niños cometen pequeños, y no tan pequeños, hurtos siempre que se presente la oportunidad. Puede que roben en casa, en la escuela, en las colonias, en el supermercado o en casa de los vecinos. Los niños con historiales largos de robos pueden necesitar psicoterapia de grupo. Algunos de estos niños, normalmente mayores, roban para comprar drogas. Para estos niños es indicado un centro de rehabilitación.

Los niños que solo roban en casa no pertenecen a esta categoría. También pueden protagonizar episodios ocasionales de pequeños hurtos fuera de casa. Cogerán una fruta o caramelos, o no devolverán «cosas prestadas» o «encontradas». Pero, esta conducta suele durar poco. A medida que van haciéndose mayores, estos niños llegan a reconocer y respetar los derechos de propiedad.

Los demasiado buenos. Algunos niños parecen demasiado buenos para ser cierto. Son obedientes, ordenados y aseados. Se preocupan por la salud de su madre, por el negocio de su padre, y les ilusiona cuidar de la hermanita. Toda su vida parece orientada a complacer a sus padres, y les queda poca energía para jugar con niños de su propia edad.

En la escuela y en el barrio, estos niños pueden continuar siendo unos santos. Serán mansos y dóciles e invertirán tiempo y energía en aplacar a la maestra, a quien temen. Le traerán la típica manzana o se ofrecerán a limpiar la pizarra. Bajo la máscara de angelito, está oculto más de un impulso de diablito. El esfuerzo de transformar los impulsos hostiles en una conducta angélica y la vigilancia eterna que exige mantener la propia imagen consumen la energía vital de estos niños. No es infrecuente leer que un niño ha cometido un delito serio, y que luego los vecinos comenten lo obediente, tranquilo y colaborador que era.

La psicoterapia en grupo proporciona un entorno eficaz para modificar la conducta excesivamente buena. El entorno, que incluye a niños con impulsos hostiles más directos, anima a estos niños angelicales a dejar atrás su complacencia esclavizada y asumir una firmeza normal. Con la observación y la experiencia aprenden que no hay necesidad de ser encantadores y modestos. Empiezan poco a poco a permitir que sus impulsos hostiles se expresen de alguna manera. Llegan a descubrir sus propias necesidades, conocer sus propios sentimientos y establecer su propia identidad.

Los niños inmaduros. En este apartado se incluyen niños queridos y amados como bebés, pero no como individuos en proceso de crecimiento, con ideas y necesidades propias. Estos niños sobreprotegidos no están preparados para las realidades de la vida fuera del refugio familiar. Tienen pocas oportunidades para desarrollar una comprensión de las necesidades y sentimientos de otros, y les resulta difícil tolerar la frustración. En lugar de hacer sus propios esfuerzos, quieren que los demás cuiden de ellos.

La psicoterapia en grupos cuidadosamente seleccionados tiene un valor especial para los niños inmaduros. El grupo ofrece motivación y apoyo para crecer, así como un terreno seguro para probar los nuevos modelos de conducta. En el grupo aprenden cuáles son los aspectos socialmente inaceptables de su conducta, y lo que se espera de ellos. Como resultado, hacen un esfuerzo para ajustarse a los estándares de sus coetáneos. Aprenden una variedad de técnicas sociales esenciales, como compartir materiales, actividades y la atención de un adulto agradable. Aprenden a competir y cooperar, a pelearse y resolver peleas, a negociar y convenir. Estas técnicas preparan a estos niños para tratar con sus compañeros en pie de igualdad.

Los niños introvertidos. Estos niños pueden describirse como tímidos, sumisos, inhibidos y dóciles. Tienen dificultades para expresar los sentimientos normales de afecto y agresión, tienen pocos amigos, y evitan el juego y los juegos sociales. Se sienten incómodos en situaciones sociales, y evitan conocer a personas nuevas. Esperan que los demás hagan las primeras propuestas amistosas e incluso entonces pueden no corresponder.

Los niños introvertidos encuentran difícil relacionarse con la maestra en clase o los compañeros en el patio. Se mueren de vergüenza cuando han de leer en voz alta o contestar una pregunta. Pueden responder con un «sí» o un «no», o nada. Cuando juegan, escogen una actividad tranquila y segura que no pide el toma-y-daca social. Cuando se les impone el contacto social, su ansiedad puede llegar hasta el punto del pánico.

Estos niños introvertidos pueden beneficiarse de la psicoterapia de grupo. El adulto amigable, los materiales atractivos y los miembros del grupo seleccionados hacen que sea difícil que se queden encerrados en su concha. El entorno acelera la salida del aislamiento y anima a la libertad mediante el juego y la charla con otros niños.

Tics y gestos. Algunos niños hacen unos gestos persistentes que molestan a los padres. Bizquean, sorben, hacen muecas, se retuercen, se hurgan la nariz, se frotan los ojos, carraspean, encorvan los hombros, se muerden las uñas, se chupan los dedos, hacen crujir los nudillos o taconean. Las contorsiones y los gestos pueden ser tan obvios y grotescos que no pueden ignorarse. Pueden tener los dedos desfigurados, las uñas como muñones, y se oyen sin cesar los ruidos desconcertantes de nariz, garganta, nudillos y pies. Estos niños necesitan asesoramiento psicológico, así como asistencia médica, para determinar el tratamiento apropiado.

A veces los niños fatigados, soñolientos, preocupados o bajo alguna tensión emocional pueden mostrar también una gran variedad de gestos y tics. Sin embargo, estas manifestaciones no son persistentes y eventualmente desaparecen.

APÉNDICE B

CÓMO TRATAN LOS PSICOTERAPEUTAS CON SUS PROPIOS HIJOS

Como padre y psicólogo infantil, con frecuencia me preguntan si mi preparación profesional y experiencia fueron útiles para criar a mis propios hijos. ¿Son los psicoterapeutas mejores padres que las personas sin preparación? Esta pregunta raramente se formula, al menos de esta manera, aunque la respuesta no es obvia. Un grupo de psicólogos y psiquiatras infantiles se reunieron para discutir este *delicado* asunto.

Dr. Adams: La población espera que sus expertos en salud mental sean buenos padres. Si no pueden aprovecharse personalmente de su experiencia y perspicacia profesionales, ¿qué esperanza hay para los padres no expertos?

Dr. Bruce: Por otro lado, esa misma población cuenta chistes sobre los hijos perturbados y perturbadores de psicólogos y psiquiatras.

Dr. Chambers: La cuestión es: ¿puede personalizarse la competencia profesional? *¿Pueden traducirse los principios psicológicos en prácticas para la crianza infantil?*

Dr. David: Tengo mis dudas. Soy comprensivo y tolerante con mis pacientes infantiles. Pero pierdo los estribos fácilmente con mis propios hijos. Me enfado, grito, fastidio e insulto. Exactamente como un padre.

Dr. Field (al Dr. David): Una vez, en una conferencia, usted dijo: «Lo que cuenta en las relaciones padre-hijo no es un método particular sino las actitudes generales». Sé que usted tiene una maravillosa actitud general hacia sus propios hijos. Así que, ¿cómo es que en la convivencia diaria les complica tanto la vida?

Dr. David: No puedo ser objetivo con mis propios hijos. Soy espontáneo. No uso ningún método deliberado con ellos.

Dr. Adams: ¿Qué hay de malo en aplicar a sus propios hijos los métodos *que se ha demostrado que son útiles con sus pacientes jóvenes?*

Dr. David: Parece tan manipulador, tan artificial, tan falto de espontaneidad...

Dr. Green: El mundo está lleno de adultos perturbados que cuando eran niños recibieron un «trato espontáneo» por parte de sus padres. *Lo que han respirado, luego lo exhalan*, lanzando improperios e insultos.

Dr. David: ¿Quiere decir que está en contra de ser «espontáneo» con sus propios hijos?

Dr. Green: No, en absoluto. De lo que estoy en contra es de la *impulsividad disfrazada de espontaneidad.* No hay nada malo en que los padres examinen sus reacciones naturales hacia sus hijos... para separar el trigo de la paja, *para aprender lo que ayuda y lo que perjudica.*

Dr. David: ¿Está usted diciendo que algunas de nuestras reacciones espontáneas pueden estar perjudicando a nuestros hijos? Puede que tenga razón. Incluso tras una provocación, nunca se me ocurriría insultar a un paciente joven. Pero lo hago con mi propio hijo.

Dr. Ivy: Yo igual. Cuando uno de mis pacientes infantiles vertió sin querer un bote de pintura roja en el cuarto de jugar, supe exactamente cómo responder: «Ah. La pintura se vertió. Necesitamos una esponja. Y aquí tienes un poco de agua». Fue un comentario espontáneo, automático. No fue *artificial* pero tampoco *accidental. Era el resultado de mi formación terapéutica.*

Dr. Bruce: Supongamos que su hijo ha vertido, accidentalmente, pintura sobre la alfombra de casa. ¿Entonces qué?

Dr. Ivy: ¡No me lo pregunte! Claro que dependería de mi humor, pero tengo fama de culpar y avergonzar: «Mira lo que has hecho. Qué torpe eres. ¿Cuántas veces tengo que decirte que vayas con cuidado?». Me doy cuenta de lo protector que soy con mis pequeños pacientes y lo destructivo que a veces puedo ser con mi *propio* hijo. En el calor del momento, no pienso en aplicar mi *espontaneidad especializada* al tratar con él.

Dr. Adams: Un gran maestro les dijo una vez a sus alumnos: «Aprendan las técnicas y entonces olvídense de ellas». Esta es la *veritas* de todo virtuoso. También es aplicable a nosotros.

Dr. Bruce: Al igual que un cirujano no puede operar a su propia familia, un psiquiatra no puede ser terapeuta de sus propios hijos. ¿No corre el peligro de convertirse en terapeuta de su hijo, en lugar de padre?

Dr. Adams: De ninguna manera. Yo les doy a mis pacientes lo mejor que he aprendido. Y eso incluye las interpretaciones oportunas de los procesos inconscientes. Jamás se me ocurriría diagnosticar o interpretar lo que les sucede a mis propios hijos, jugar a psicólogos. Pero *lo que resulta sensible, comprensivo y humano cambia muy poco de la consulta a casa.*

Dr. Field: Yo también encontré aplicable a mi propia vida mi formación en medicina y psiquiatría. Cuando mi hijo se rompió el brazo, no me desmayé al ver cómo el hueso salía de su piel. Le proporcioné los primeros auxilios –no solo físicos sino también emocionales–, y así le ayudé a tratar con el *dolor* y también el *pánico*.

Dra. Hill: Me pregunto por qué aplicamos tan poco de nuestra pericia clínica a la crianza de nuestros propios hijos. Yo, por ejemplo, trato a mi hijo esencialmente de la misma manera en que mi madre me trató a mí. A veces incluso uso el mismo tono de voz. Es como si estuviera repitiendo una cinta familiar.

Dr. Chambers: ¿Está buscando una cinta poco familiar? ¿Un nuevo guión? ¿El son de otro tamborilero?

Dra. Hill: No me gusta mi cinta paterna. Sin darse cuenta, muchos padres recitan los guiones antiguos inconscientemente. Pero nosotros somos conscientes. Deberíamos poder escribir nuestro propio guión y hacer uso de todo lo que aprendimos como terapeutas infantiles.

Dr. Bruce: Habla como una típica madre.

Dra. Hill: Lo sé, y me molesta. En casa, cuando las cosas van mal, no sé parar la cinta. Como otros padres, retrocedo y me arrepiento, aun después de mi formación profesional y de muchos años de tratar a los niños.

Dr. Bruce: Todos los padres somos vulnerables. No es fácil ganar con tus propios hijos. Cara, perdemos. Cruz, ganan ellos.

Dr. Adams: Los niños presentan problemas concretos que no se rinden ante las generalidades relucientes sobre el amor, el respeto, la aceptación, las diferencias individuales y la singularidad personal. Estos conceptos son demasiado elevados. Son como, por ejemplo, un billete de mil euros: buena moneda pero inútil para las necesidades diarias, como tomar un café, ir en taxi o hacer una llamada telefónica. Para la vida diaria necesitamos dinero suelto. Para criar un hijo, necesitamos monedas psicológicas, *semejantes* a las que se usan en la terapia infantil.

Dr. David: Pero explíqueme, por favor, ¿qué son estas monedas psicológicas?

Dr. Adams: Unas formas específicas de tratar eficaz y humanamente con los acontecimientos del «minuto a minuto»: las pequeñas irritaciones, los conflictos periódicos, las crisis súbitas.

Dr. David: Díganos cómo usted como padre se ha beneficiado de usted como terapeuta.

Dr. Adams: Puedo darles una lista para llenar un libro, pero temo que ustedes pensarán que tengo todas las respuestas. Pues no. Pero sí he aprendido a responder más humanamente a las dificultades diarias que presentan mis hijos. Soy empático como con mis niños pacientes. *Intento ponerme en su lugar para comprender lo que sienten.* He aprendido a expresar el enfado sin insultar. Incluso cuando me provocan de verdad, no les coloco una etiqueta abusiva. No ofendo sus atributos de personalidad y no ataco sus rasgos de carácter. En cambio, igual que en la terapia, *declaro lo que veo, lo que siento y lo que hay que hacer.*

Dr. David: ¿Quiere decir que no pierde los estribos con sus hijos?

Dr. Adams: Al contrario. Ahora no tengo miedo de mi rabia, porque sé expresarla sin hacer daño. Soy *auténtico:* mis palabras encajan con mis percepciones; no finjo sentir cariño cuando estoy enfadado. También he aprendido que el principio de la sabiduría es el silencio, y que la autoridad requiere brevedad. Así que *hablo menos y escucho más.* Cuando las cosas van mal, *no doy lecciones, busco soluciones.* He aprendido a responder a las quejas de mis hijos sin ponerme a la defensiva o contra-quejarme. Empleo sonidos de comprensión y comentarios breves.

Dr. Chambers: ¿Por ejemplo?

Dr. Adams: «Ah, entiendo. Así que eso es lo que pasó. Así que eso es lo que sientes. Esa es tu opinión meditada. Agradezco que hayas compartido tu punto de vista conmigo. Gracias por explicármelo. Vamos a apuntar tus sugerencias para ayudarme a recordarlas». Evito deliberadamente las preguntas violentas. Evito la lógica fría en situaciones calientes. *Puesto que el mundo habla con la mente, yo hablo con el corazón.*

Dr. Bruce: Eso es simple sentido común.

Dr. Green: No, pienso que requiere el *sentido poco común.* Por ejemplo, en la terapia infantil he aprendido que incluso un poco de alabanza puede ser destructiva, así que no la uso, ni en el cuarto de jugar de la consulta ni en casa. Evito la alabanza que obliga a los niños a cumplir lo imposible: *siempre* eres tan maravillosa, *siempre* eres tan amable. Eres un ángel. Mi alabanza es apreciativa: *describe* los esfuerzos y logros del niño y mis sentimientos sobre ellos. No evalúa, ni juzga, ni compara, ni es condescendiente.

Dr. Chambers: ¿Podría aclararlo un poco más?

Dr. Green: Me gusta su petición. Me ayuda a clarificar mis ideas. Aprecio su interés. ¿Ve, doctor Chambers? Eso fue una alabanza apreciativa.

Dr. Chambers: ¿Cómo me habría alabado antes de su formación en terapia infantil?

Dr. Green: «Usted es estupendo. Siempre acude en mi ayuda. Está haciendo un trabajo maravilloso con este grupo». ¿Ha notado que con la alabanza apreciativa utilicé la primera persona? Con la alabanza crítica empecé con el pronombre «usted».

Dr. Chambers: Puedo pasar sin este tipo de alabanza.

Dr. Green: Y los niños también. Además, no niego la percepción del niño. No repudio sus sentimientos. No disputo su experiencia. *Reconozco la percepción, los sentimientos y la experiencia.*

Dr. Ivy: Entonces, nosotros también necesitamos ayuda para cumplir con nuestro papel de padres. Tenemos que reconocer que nuestras respuestas diarias a nuestros hijos no carecen de consecuencias. Afectan a la conducta y la personalidad para mejor o para peor. Nosotros ya poseemos el conocimiento. Lo que necesitamos es transferir nuestra competencia y traducir nuestra habilidad. Esta metamorfosis no ocurrirá automáticamente. *Pero como psicoterapeutas tenemos una ventaja.*

BIBLIOGRAFÍA

ACADEMIA AMERICANA DE PEDIATRÍA. *El cuidado y la educación del niño hasta los 5 años*. Ediciones Médici, Barcelona, 2001.

BARKLEY, R.A. y C.M. BENTON. *Hijos desafiantes y rebeldes*. Ediciones Paidós, Barcelona 2000.

BIDDULPH, S. *Educar chicos. De niños a hombres*. Ediciones Médici, Barcelona 2001.

BRAZELTON, T. B. *Escuchemos al niño*. Plaza y Janés, Barcelona 1989.

BRUNET, C. y A.-C. Sarfati. *Pequeños problemas y grandes cuestiones*. Ediciones Médici, Barcelona 2003.

CURRAN, D. *Normas para padres hartos de discutir*. Ediciones Médici, Barcelona 2002.

DAVIDSON, A. y R. *Los secretos de los buenos padres*. Ediciones Médici, Barcelona 1998.

EINON, D. *Comprender a su hijo*. Ediciones Médici, Barcelona 2000.

– *Todo sobre su pequeño*. Ediciones Médici, Barcelona, 2002.

FABER, A. y E. MAZLISH. *Cómo hablar para que sus hijos le escuchen y cómo escuchar para que sus hijos le hablen*. Ediciones Médici, Barcelona 2000. (También en catalán.)

FEENSTRA, C. *El día a día con los hijos*. Ediciones Médici, Barcelona, 2003.

GARBER, S. *Portarse bien*. Ediciones Médici, Barcelona 1999. (También en catalán.)

GOOTMAN, M. *Guía para educar con disciplina y cariño*. Ediciones Médici, Barcelona 2002.

GREEN, C. *Domar niños*. Ediciones Médici, Barcelona 1999.

GROSE, M. *Grandes ideas para educar sin discutir*. Ediciones Médici, Barcelona 2002.

GÜRTLER, H. *Los niños necesitan normas*. Ediciones Médici, Barcelona 2000.

HERBERT, M. *Entre la tolerancia y la disciplina*. Ediciones Paidós, Barcelona 1992.

KAST-ZAHN, A. *Aprender normas y límites*. Ediciones Médici, Barcelona 2002.

MEEKS, C. *Recetas para educar*. Ediciones Médici, Barcelona 2003. (También en catalán.)

NICOLÁS, R., N. FILLAT, e I. OROMÍ. *Guía para la salud emocional del niño*. Ediciones Médici, Barcelona 2000.

NITSCH, C. y C. von SCHELLING. *Límites a los niños. Cuándo y cómo*. Ediciones Médici, Barcelona 1999.

PEARCE, J. *Berrinches, enfados y pataletas*. Ediciones Paidós, Barcelona 2002.

— *Peleas y provocaciones*. Ediciones Paidós, Barcelona 1996.

RINALDI, G. *Escuchemos al niño*. Ediciones Paidós, Barcelona 1993.

SAMALIN, N. *Con el cariño no basta*. Ediciones Médici, Barcelona, 1993.

SPOCK, B. *Cómo ser padres hoy*. Editorial Martínez Roca, Madrid, 1990.

— *Un mundo mejor para nuestros hijos: nuevos valores para los niños de hoy*. Editorial Paidós Ibérica, Barcelona 1996.

STEEDE, K. *Los diez errores más comunes de los padres y cómo evitarlos*. Editorial Edaf, Madrid 1999.

TORRES, E. *Cómo despertar la curiosidad científica en su hijo*. Ediciones Médici, Barcelona 1993.

TURECKI, S. y L. TONNER. *El niño difícil*. Ediciones Médici, Barcelona 2003.

ZIGELMAN, D. *El pediatra a mano*. Ediciones Médici, Barcelona, 1996.

ÍNDICE ALFABÉTICO

ACERCA DE LOS AUTORES

La doctora Alice Ginott es una renombrada psicóloga, psicoterapeuta, escritora y conferenciante. Sus habilidades se concentran en la comunicación verbal. Como dice ella: «No nos damos cuenta de que las palabras son como cuchillos, que hemos de tener habilidad en el uso de las palabras. A diferencia de un cirujano que cuida por dónde corta, usamos las palabras al azar. Hacemos muchas incisiones hasta que encontramos el sitio correcto, inconscientes de las heridas abiertas que dejamos por el camino. Hacemos operaciones emocionales a diario, pero sin preparación. Incluso a las personas que se quieren y quieren a sus hijos les falta un lenguaje que comunique este cariño, que refleje su deleite, que haga que la persona querida se sienta querida, respetada y apreciada». El propósito de sus conferencias, talleres y grupos de orientación para parejas, padres y maestros es ayudarlos a entrar en el mundo de otra persona de una manera comprensiva y afectuosa.

Las ideas de la doctora Ginott de comunicar con padres y profesores fueron publicadas en la columna "Between Us" del sindicato estadounidense King Features. El entusiasmo, la simpatía y el humor se reflejan en sus múltiples artículos, como "How to Drive Your Child Sane" y "How to Help Children Mourn", que se esfuerzan por revolucionar la manera en que hablamos entre nosotros.

La doctora Ginott es licenciada en Filosofía y Letras por la Universidad de Indiana, y cursó un máster y se doctoró en The Graduate Faculty de la New School University de Nueva York. Como antigua profesora adjunta de psicología del Hunter College y el Queens College de Nueva York, y como investigadora en el Chatham College de Pittsburgh, ha podido compartir sus ideas con los estudiantes. Participó en el Congreso de la Casa Blanca sobre Niños de 1970, y fue invitada por la Universidad Americana de El Cairo, Egipto, a dar el discurso de apertura en un simposio en el Año Internacional del Niño, en que también participó la señora Jihan el Sadat. Ha dado conferencias en Estados Unidos, Brasil, África, Canadá, Europa, India, Hong Kong e Israel. También recibió el premio Eleanor Roosevelt de Humanidades.

La doctora Ginott nació en la antigua Checoslovaquia, es madre de dos hijas y tiene dos nietos.

El doctor H. Wallace Goddard es colaborador de la University of Arkansas Cooperative Extension Service, donde desarrolla programas acerca de la paternidad, el matrimonio, el desarrollo juvenil y las relaciones familiares. También escribe libros y artículos en páginas web y produce programas de televisión en Estados Unidos.

El doctor Goddard creció en las montañas cerca de Salt Lake City (Utah). Se licenció por la Brigham Young University en física, matemáticas y educación.

Tras ejercer como profesor durante doce años, volvió a los estudios, esta vez en la Utah State University, para realizar un doctorado en desarrollo familiar y humano. En su investigación para la tesis creó y probó un nuevo programa para padres. Su investigación confirmó los méritos de ayudar a los padres a interpretar a sus hijos de la manera más favorable.

El doctor Goddard fue colaborador de la Auburn University de Alabama durante seis años. Durante ese tiempo estudió la conducta adolescente (¡hizo una encuesta a 14 000 adolescentes!), desarrolló un programa para padres ampliamente utilizado (The Principles of Parenting), participó en un equipo nacional para desarrollar un modelo de educación para padres (The National Extension Parent Education Model), y creó un programa de desarrollo juvenil (The Great Self Mystery).

Hizo un año sabático de la Auburn University para ayudar a Stephen Covery a escribir *The 7 Habits of Highly Effective Families* y para desarrollar actividades de aplicación para mejorar la vida familiar. También dio clases en la Utah State University.

El doctor Goddard se trasladó a Arkansas donde ha trabajado con sus colegas para desarrollar una gran variedad de recursos familiares que se anuncian en el sitio web de la University of Arkansas Extension (www.arfamilies.org). También trabaja con AETN (Arkansas Education Television Network) sobre una serie de televisión llamada *Guiding Children Successfully*. Además de escribir para sitios web populares, también está escribiendo un libro de texto sobre educación de la vida familiar.

Él y su esposa, Nancy, tienen tres hijos, y han cuidado a través de los años a veinte niños en régimen de acogida. Viaja frecuentemente como ponente y consultor, y vive en Little Rock, Arkansas.